Passende
Sprichwörter
für jede Gelegenheit

Dr. Roman Leuthner

Passende
Sprichwörter
für jede Gelegenheit

Weltbild

Einkaufen im Internet:
www.weltbild.de

Genehmigte Lizenzausgabe für Verlagsgruppe Weltbild GmbH,
Steinerne Furt, 86167 Augsburg
Copyright der Originalausgabe © 2006 Urania Verlag in der
Verlag Kreuz GmbH, Freiburg
Umschlaggestaltung: X-Design, München
Umschlagmotive: mauritius-images, Muster istockphoto
Gesamtherstellung: CPI Moravia Books s.r.o., Pohorelice
Printed in the EU
978-3-8289-3242-5

2012   2011   2010
Die letzte Jahreszahl gibt die aktuelle Lizenzausgabe an.

Vorwort

Warum lange über passende Worte anlässlich einer Rede zu einer Hochzeit oder zum Geburtstag eines Freundes grübeln, wenn diese Arbeit schon längst geleistet wurde und es andere treffend auf den Punkt gebracht haben? Die gut 450 Sprichwörter zu jeder Gelegenheit aus fünf Kontinenten und 55 Ländern sind ein Schatzkästchen alter Weisheiten, Einsichten und Erkenntnisse der Menschen aus den vergangenen Jahrhunderten. Nicht wenige davon, zumal jene, die aus dem europäischen Kulturkreis stammen, sind uns geläufig. Viele jedoch, seien sie aus China, Vietnam, aus mittel- und südamerikanischen Ländern wie Panama, Argentinien oder Peru oder auch aus Afrika sind hierzulande weniger gebräuchlich und überraschen uns durch die Klarheit ihrer Gedanken und den oft prägnanten Wortwitz ihrer jeweiligen Aussage. Offensichtlich wird auch, dass die Interpretation der Lebenssituationen von Menschen, die oft Tausende von Kilometern entfernt und in verschiedenen Regionen dieser Erde zu Hause sind, frappierend ähnlich sind. Verhaltens- und Handlungsmuster, Welt- und Menschenbilder sind bei weitem nicht so unterschiedlich, wie der oberflächliche Blick vermittelt. Alle Sprichwörter dieser kleinen Sammlung haben Eines gemeinsam: Sie spiegeln die Lebenserfahrung der Menschen. In Frankreich heißt es:
➤ **Alte Sprichwörter sind goldene Worte,**
und:
➤ **Alte Sprichwörter sind Kinder der Wahrheit,**
sagen wir in Deutschland. Und auch im Baskenland auf der iberischen Halbinsel sind die Menschen vom Kern der überlieferten Volksweisheiten überzeugt, wenn sie urteilen:
➤ **Alte Sprüche enthalten keine Lügen.**
Die Lebenserfahrungen der Menschen, die in Sprichwörter gegossen und an die nachfolgenden Generationen stets

weitergegeben wurden, sind authentisch. Sie spiegeln den menschlichen Alltag ebenso wider wie tiefe philosophische Gedanken über Geburt, Leben und Tod.

Vieles davon können wir in die heutige Zeit »übersetzen«. Und wenn wir ehrlich sind, erkennen wir in ihrem Kern stets den »gesunden Menschenverstand«.

Auf gutes Gelingen!

Sprichwörter für jede Gelegenheit

Mit Sprichwörtern sind wir auf-
gewachsen, sie sind uns so vertraut
wie eingängige Melodien. Diese
verbalen »Ohrwürmer« begleiten
uns ein ganzes Leben und sind Teil
unserer Sprache und Kultur.

Der richtige Ratgeber

Sprichwörter bringen kurz und knackig auf den Punkt, was ansonsten oft mit vielen und langen Sätzen gesagt werden müsste. Sie sind pointierte Lebensweisheiten und spiegeln den Erfahrungsschatz von Generationen wider. Sprichwörter sind eine Schatztruhe der Erkenntnis, der Erfahrungen und Einsichten.

Sprichwörter haben sprachliche Revolutionen und kulturelle Veränderungen überdauert.

➤ Wer nicht kommt zur rechten Zeit, der muss sehen, was übrig bleibt,

haben unsere Eltern sprichwörtlich getadelt, wenn wir über unser Spiel wieder einmal nicht rechtzeitig am Mittagstisch eintrafen und uns die Geschwister die besten und größten Happen weggeschnappt hatten.

➤ Lügen haben kurze Beine,

hieß es dagegen, wenn wir – wieder einmal – dabei ertappt worden waren, dass wir uns die Wahrheit »zurechtgebogen« hatten, und

➤ Der Apfel fällt nicht weit vom Stamm,

schimpfte die Mutter, wenn der Filius sein Kinderzimmer so

schlampig hinterlassen hatte wie es der Vater allmorgendlich mit dem Badezimmer zu tun pflegte. Na ja –

➤ **Was Hänschen nicht gelernt hat, lernt Hans nimmermehr ...**

Sie haben sich bis zum heutigen Tage nicht überlebt, sie haben sprachliche Revolutionen und kulturelle Veränderungen überdauert. Sie finden sich in der Hochsprache ebenso wie in Dialekten und subkulturellen Ausprägungen wie in der Sprache der Jugend, die jeweils en vogue ist. So hören wir vom Alt-68er das Sprichwort

➤ **Der Klügere gibt nach.**

Der Halbstarke von nebenan kennt das Wort

➤ **Geld stinkt nicht,**

und der gesetzt-pensionierte Oberstudienrat formuliert seine Lebensmaxime mit dem altbekannten

➤ **Jeder ist seines eigenen Glückes Schmied.**

Mit der vorliegenden Sammlung von gut 400 Sprichwörtern aus 55 Ländern dieser Erde haben Sie ein Füllhorn von Lebensweisheiten erworben, die unvergänglich sind. Damit bereichern Sie Ihre Reden zu verschiedenen Anlässen, damit schmücken Sie Ihre Korrespondenz. Vor allem aber setzen Sie sich von der Masse der Redner und Vortragenden wohltuend ab, die immer noch glauben, dass ein Zitat eines klassischen Lateiners oder eines deutschen Klassikers ein Fünkchen vom Licht des Erleuchteten auf ihr eigenes bemühtes Redemanuskript werfen könnte. Oh je! Auch wenn er sich noch so reckt und streckt und dehnt: Der Schatten, den er wirft, er wird nicht größer. Und weder die Worte Goethes, Shakespeares oder Einsteins machen ihn gewichtiger. Sie zeigen oft nur allzu deutlich, wie groß der Unterschied zwischen dem Zitierten und dem Zitierenden ist ... Machen Sie es anders! Zitieren Sie sprichwörtlich – und Sie liegen niemals daneben!

Zitieren Sie sprichwörtlich – und Sie liegen niemals daneben!

Sie haben den richtigen Ratgeber zur Hand, wenn Sie an einer Rede zur Hochzeit Ihres Sohnes, zu einem Jubiläum eines Kollegen, zum Geburtstag eines Freundes oder auch zur Beisetzung eines lieben Verwandten arbeiten. Die große Sammlung von Sprichwörtern aus allen Ländern ist thematisch unterteilt und beinhaltet die wichtigsten Anlässe und Ereignisse, die ein kluges Wort in einem guten Vortrag oder in einem gediegenen schriftlichen Glückwunsch erwarten. Der Ratgeber unterstützt Sie dabei, treffende Lebensweisheiten, kluge Einsichten und solide Ratschläge unaufdringlich in einem sinnvollen Gesamtzusammenhang zu präsentieren und liefert überdies Bausteine für den logischen und systematischen Aufbau einer perfekten Rede. À propos: Ein Vortrag, der der Situation angemessen sein und die Aufmerksamkeit der Zuhörer erreichen will, muss strukturiert sein. Kommen Sie niemals »vom Hundertsten ins Tausendste«!

Sprichwort und Zitat: der Unterschied

Sprichwörter sind feststehende und sinnstiftende Redewendungen, die tief im nationalen Sprachschatz verankert sind – unabhängig von der Abstammung und des Bildungsniveaus des Sprechenden. Sprichwörter sind Lebenserfahrungen und allgemeingültige Erkenntnisse, die auf den Punkt gebracht und treffend ausgedrückt wurden.

Sprichwörter und Zitate sind kleine Kulturgüter.

Zitate hingegen sind in der Regel intelligente und sprachgewandte Aussprüche berühmter Zeitgenossen. Nach dem Fremdwörterlexikon von Wahrig handelt es sich zwar lediglich um »wörtlich angeführte Stellen aus einem Buch«. Und auch im Lateinischen bedeutet »zitieren« nicht mehr als das bloße Verb »citare«, das mit »anführen«, »erwähnen« oder »nennen« übersetzt wird. In unserem weiteren Sinne und zur Abgrenzung beider Begriffe ist das Zitat jedoch die höhere Form, die besonders der Rhetoriker zur Ausschmückung und Bedeutungssteigerung des Gesagten verwendet. Zitiert ein Redner einen Literaten, Künstler, Politiker oder Philosophen, dann zieht er Parallelen zwischen dem Anlass oder Zweck der eigenen Ansprache und dem Anlass oder Zweck des zitierten Wortes. Er ordnet den Zitierten und das Zitat in seinen logischen Gesamtzusammenhang ein und überträgt die fremden Worte in die Gegenwart und ihren Bedeutungsrahmen. Kurzum: Er schmückt sich mit fremden Federn.

Dies ist der wesentliche Unterschied zwischen Sprichwort und Zitat. Beide Gattungen des gesprochenen und geschriebenen Wortes haben Eines jedoch gemeinsam: Sie gehören zum kulturellen Erbe eines spezifischen Sprachraums, sind mithin also kleine »Kulturgüter«. Dabei dürfte das Sprichwort aufgrund seiner Allgemeingültigkeit und seiner Überlieferung aus zum Teil »grauer Vorzeit« der größere Wert zukommen. Vor allem aber: Der Vortragende oder Schreibende, der ein treffendes Sprichwort zitiert, schmückt sich nicht mit fremden Federn. Er zeigt nur, dass er seine sprachlichen und kulturellen Wurzeln kennt und dass er es versteht, seine Thesen, Erkenntnisse oder guten Wünsche vom festen Boden des gesunden Menschenverstandes und praktischer Erfahrung aus zu formulieren.

Sprichwörter und gedankliche Bausteine

Obwohl Sie, wie gesagt, bei Sprichwörtern, die Sie in einen Vortrag oder in einen schriftlichen Gruß einarbeiten, eher als bei Zitaten auf der sicheren Seite sind – auch hier gilt: Aufgepasst bei ihrer Auswahl!

Nichts ist so schlimm und wirkt beispielsweise bei einer Rede derart deplaziert und bisweilen komisch wie ein falsch gewähltes Wort. Deshalb muss sich der Vortragende, der seine Ansprache mit einem treffenden und/oder geistreichen Sprichwort unterstreichen und würzen will, sehr genau mit der eigentlichen Bedeutung der Sentenz befassen. Nur ein Beispiel: Der deutsche Volksautor Wilhelm Busch gilt gemeinhin als »komisch«, da er seine Einsichten zwar in oft brillanter aber auch »wortwitziger« und spielerischer Weise zu Sprichwörtern formte; ein Wort von Busch für eine Trauerrede zu verwenden ist im Allgemeinen deshalb nicht passend. Dieser Ratgeber verhindert, dass Sie sich »vergaloppieren« und zeigt an vielen Beispielen, wie Sie treffende Sprichwörter in der Praxis anwenden und sicher in den richtigen Bedeutungsrahmen einfügen. Deshalb werden, zusätzlich zu den passenden Sprichwörtern, auch die Bausteine einer gelungenen Ansprache zur jeweiligen Gelegenheit geliefert. Diese Bausteine sind als Gestaltungsvorschläge gedacht und bestehen aus einzelnen Aspekten eines großen Themas wie beispielsweise Geburt und Taufe oder Beruf, Arbeit und Erfolg. Betrachten Sie die Reihenfolge der einzelnen Bausteine, die wir als Aspekte eines übergeordneten Themas für Sie ausgewählt haben, jedoch als Anregung und nicht als unbedingt verbindliche Vorgabe.

Natürlich lassen sich diese Bausteine beliebig miteinander kombinieren. Auf diese Weise können Sie Ihre eigene und sehr persönliche Rede verfassen, die nicht konstruiert und gezwungen wirkt. Benützen Sie die Textbausteine deshalb als einen »roten Faden«, der helfen soll, Ihre Gedanken, Argumente und Wünsche zu strukturieren und in einen sinnvollen Zusammenhang zu stellen. Versetzen Sie sich in die Lage eines Zuhörers, der Ihrem Vortrag lauschen soll. Was erwartet er? Welche Assoziationen hat er, wenn er an dieses oder jenes Thema denkt? Versuchen Sie auch, die Gedanken der Anwesenden zu formulieren und sich in deren Situation hineinzuversetzen.

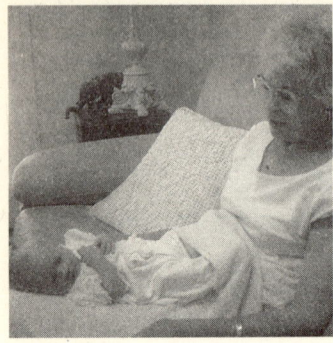

Geburt und Taufe

Die Entstehung neuen Lebens, vom ersten Gedanken eines Paares an ein eigenes Kind bis zur Geburt, gehört zu den Ereignissen im Leben der Menschen, die tief berühren und besonders für die stolzen und glücklichen Eltern unvergesslich bleiben.

Die Zweige geben Kunde von der Wurzel (Arabien)

Selbst zur Melancholie neigende, ernste oder humorlose und missmutige Zeitgenossen werden vom unbegreiflichen Wunder der Wandlung einer befruchteten Eizelle zu einem Kind ergriffen und im Augenblick der Geburt wieder an den eigentlichen Sinn unserer Existenz erinnert: leben und vergehen, geboren werden und sterben.

Ein neuer Erdenbürger wird freudig begrüßt und herzlich willkommen geheißen.

Damit ist die Geburt und das Fest der Taufe ein zutiefst existentieller Akt, dessen Bedeutung für uns Menschen, wie alle lebensentscheidenden Ereignisse, auf religiöse Wertenthaltungen zurückzuführen ist. Gleichwohl sollte die christliche Lehre von der Rolle der Taufe, mit der ein Kind festlich in die Gemeinschaft der Kirche aufgenommen wird, nicht zu künstlichem und biederem Ernst verleiten. Für »Erdenschwere« ist kein Platz bei diesen Anlässen. Im Gegenteil: Geburt und Taufe sind die entscheidenden Feste im Leben eines Menschen. Ohne Geburt keine Kommunion, Firmung und Konfirmation, kein Erfolg im Beruf und keine Hochzeit. Sie können als Taufpate, Vater, Großvater, Geschwister oder als guter Freund der Familie mit der Aufgabe betraut werden, eine Rede zu Ehren des neuen Erdenbürgers halten zu sollen.

Gut vorbereitet und durchdacht und mit den tieferen Weisheiten eines Sprichworts garniert, gerät eine solche Ansprache zu einem so gelungenen Auftritt, dass den Redner oft sogar das stolze Gefühl beschleicht, reden zu dürfen – und nicht zu müssen.

Beim Thema »Kinder – Der tiefere Sinn des Lebens« empfiehlt sich ein »Sprich«-Wort aus dem Alten Testament, präziser aus dem Buch Genesis 3, 20. So heißt es dort:

➤ **Adam nannte seine Frau Eva,**
   denn sie wurde die Mutter aller Lebendigen.

Eva heißt »Leben« und stammt aus dem Hebräischen. Und wie schön und treffend ist dieser Name in seiner Bedeutung für die gesamte Gattung Mensch. Eva als Ur-Mutter aller ihr nachfolgenden Generationen – ganz gleich, ob man(n) sie wenig emanzipatorisch als Rippe aus seinem Fleisch begreift oder als gleichberechtigte Partnerin und Lebensgefährtin. Ohne Eva jedenfalls wäre dieses Büchlein nie geschrieben worden.

Überdies liegt in diesem schönen Wort aus dem Alten Testament unendlich viel Weisheit, denn was ist der Sinn und das eigentliche Ziel des Lebens? Natürlich, das Leben selbst. Das Wachsen, Sich-Entwickeln, Gedeihen. Und deshalb kann kein Name für die erste Frau dieser Welt treffender und ihre Mutterschaft kein schöneres Symbol für die Geburt eines Kindes sein als der Name »Leben«. Ein altes deutsches Sprichwort übrigens sagt:

➤ **Gleich, wie der Name lautet,**
   den ihr gebt –
   es ist das Kind,
   das lebt.

Niemals im Leben ist die Liebe zwischen den Menschen wohl größer und beständiger als die unsichtbaren Gefühlsbande zwischen Eltern und ihren Kindern – allen voran die Mutter. Denn, wie schon ein altes deutsches Sprichwort weiß:

➤ **Was der Mutter ans Herz geht,**
das geht dem Vater höchstens an die Knie.

Nein, respektlos ist dieses Wort gewiss nicht gemeint. Aber es sagt zweierlei aus: Erstens, dass die Mutter zumeist der emotionalere Elternteil ist, der sich stärker und nachhaltiger in das Kind einfühlt, und zweitens, dass der Vater, zumindest vor der Zeit der beruflichen Gleichberechtigung von Mann und Frau, für die Ernährung der Kinder hart arbeiten musste. Deshalb geht ihm die Liebe zum Kind auch an die, vom Bücken und Buckeln, schmerzenden Knie. Wie unergründbar und stark die Mutterliebe zum Kind ist, sagt auch ein wunderschönes Sprichwort aus Russland:

Die emotionale Bindung zum Kind kann unterschiedlich sein.

➤ **Mütterliche Güte ein uferloses**
Meer, unendliche Tiefe,

und schon die alten Perser wussten:

➤ **Der Himmel bei der Geburt**
ist zu den Füßen der Mutter.

Im vertrauten Kreise dürfen Sie die Eltern auch necken.

Wer kennt die Liebe besser als die Franzosen? Deshalb ist es auch ein Sprichwort aus Frankreich, das einen feinen, aber wesentlichen Unterschied in der Dauerhaftigkeit zwischen der Liebe von Mann und Frau und der Liebe zwischen einer Mutter und ihrem Kind macht:

➤ **Die Liebe einer Mutter ist immer in ihrem Frühling.**

In diesem Fall sind es jedoch die Polen, die die Gefühlslage einer Mutter zu ihrem Kind, zwar uncharmant aber durchaus treffend, auf den Punkt bringen:

➤ **Die größte Liebe ist Mutterliebe,**
dann die Liebe eines Hundes,
und danach die einer Geliebten.

Dies gilt auch in existenziellen Notlagen. So sagt ein deutsches Sprichwort:

➤ **Ist die Mutter noch so arm,**
   gibt sie doch ihrem Kinde warm.

Die Chinesen machen mit einem Sprichwort zur Mutterliebe deutlich, dass die Herzensliebe der Mutter auch andere Menschen rührt und beleuchten zugleich den gravierenden Unterschied in der Liebe des Kindes zu Vater und Mutter:

➤ **Man kann einen Vater verlassen,**
   der ein Amt bekleidet,
   doch keine Mutter, die betteln geht.

Wenn es in Ihrem Festvortrag übrigens sein darf, dass Sie etwas ironisch »ausgleiten« können, wäre da ein weiteres Sprichwort aus Deutschland:

➤ **Es meint wohl jede Frau,**
   ihr Kind sei ein Pfau.

Vorsicht! Wir wollen es nicht gewesen sein, wenn Sie sich damit Ärger einhandeln. Deshalb zitieren Sie dieses Wort nur in sehr vertrautem Kreise und mit lustigem Unterton sowie in Anbetracht einer Stellung, in der Sie es sich leisten können – denn dieses Wort stimmt wirklich!

Beinahe eine etymologische, also die Herkunft eines Wortes und seiner Bedeutung betreffende, Spielerei ist der Gleichklang eines arabischen und eines deutschen Sprichworts zum Themenbaustein »Geburt und Abstammung«. Beide Sprach- und Kulturräume, so fern sie sich auch im Allgemeinen sein mögen, bemühen das Bild des Baumes. Wahrscheinlich ist der Baum, der ja auch in der christlichen Mythologie das Symbol für den Ursprung des Lebens ist (Eva reicht Adam den Apfel vom Baum im Paradies...) in den Augen der Menschen die Metapher allen Werdens. So sagen die Araber, und das dürfte sowohl an Euphrat und Tigris wie im Jordan-Tal und am Persischen Golf physiologisch als auch psychologisch gemeint sein:

➤ **Die Zweige geben Kunde von der Wurzel,**
und eines der bekanntesten und wohl auch im Positiven wie
im Negativen am häufigsten zitierten deutschen Sprichwörter lautet:

➤ **Der Apfel fällt nicht weit vom Stamm.**
Dieselbe Aussage findet sich im deutschen Sprichwort:

➤ **Wie der Vogel, so das Ei.**
Beim Thema »Geburt und Abstammung« und im Falle eines
neugeborenen Mädchens können Sie mit einem Sprichwort
aus den Vereinigten Staaten von Amerika nicht nur bei
Ihrem Auditorium, sondern besonders bei der Mutter der
Tochter Punkte sammeln:

➤ **Die Tochter einer guten Mutter**
 wird die Mutter einer guten Tochter.
Die lediglich zur Erheiterung angeführte negative Wendung
aus Deutschland sollte hingegen nicht verwendet werden:

➤ **Fleißige Mutter**
 hat faule Töchter.
In Spanien gibt es ein Sprichwort, das unendlich viel über
die wichtige Rolle der Abstammung für das menschliche
Leben aussagt und zugleich den ewigen Kreis von Leben
und Sterben, von Geburt und Tod beschreibt:

➤ **Was man mit der Muttermilch trinkt, bleibt noch am**
 Leichtuch hängen.
Und auch in Bulgarien gibt es hierzu ein schönes Bild:

➤ **Was die Mutter spinnt,**
 das webt die Tochter.

Geburt und Tod:
Der ewige Kreis des Lebens.
Klar, die Eltern schaffen die Grundlage für
das Leben ihrer Kinder. Trotzdem gibt es
Kinder, die aus verhältnismäßig ähnlichen
Startbedingungen mehr machen als andere.
Deshalb rücken zwei kluge deutsche Sprichwörter den Wert
der Abstammung im Vergleich zum Wert der eigenen Le-
bensleistung zurecht. Das eine sagt:

➤ Geburt macht nicht edel,

und das andere:

➤ Geburt ist etwas,
  Bildung mehr.

Besonders in einer demokratischen und offenen Gesellschaft sollte deshalb dieses chinesische Sprichwort nicht mehr gelten:

➤ Du hast in der falschen Wiege geschlafen
  und bist dem falschen Schoß entschlüpft.

Was viele Eltern in der überglücklichen Stunde der Geburt und in den ersten jungen Lebensjahren des Kindes noch nicht realisieren ist die Tatsache, dass Mutter- und Vater-Sein sich ein Leben lang »hinziehen«. Diese Rolle kann man nicht mehr abgeben. In diesem Film hat man die Hauptrolle – ein Leben lang. Sehr jungen

Die Verantwortung von Mutter und Vater währt ein ganzes Leben lang.

Eltern könnte ein wohlmeinender Redner deshalb einige mahnende Worte zum Themenkreis »Erziehung und Entwicklung« mit auf den Weg geben. Natürlich sollen Sie humorvoll und nicht moralin-sauer daherkommen.

So sagen die Franzosen:

➤ Ein braves Schaf
  muss viele Lämmer säugen,

und ein deutsches Sprichwort meint martialisch:

➤ Was die Mütter gebären,
  das sollen sie auch ernähren.

Natürlich muss es nicht so weit kommen, wie im Reich der Mitte, wo der große Vorsitzende Mao tse Tung dem chinesischen Kinderreichtum mit einem riesigen Propagandafeldzug ein Ende setzte. Ob es sich um ein originäres chinesisches Sprichwort oder doch lediglich um eine der Weisheiten Maos handelt, kann nicht verifiziert werden. Das Wort lautet jedenfalls:

➤ Viele Kinder sind das Leid der Mutter.

Gut gemeinte Ratschläge können aber auch dosierter verabreicht werden. So sagt ein hebräisches Sprichwort:

➤ **Die Mutter soll im Lärm der Gassen**
   ihr Kind nicht aus den Augen lassen.

Wohl war. Doch was wäre das Kapitel »Erziehung« ohne ein Sprichwort aus dem Land der Pädagogen. In Deutschland sagt man:

➤ **Was Hänschen nicht lernt,**
   lernt Hans nimmermehr.

Die Geburt eines Kindes macht uns bewusst, dass jedem Menschen eine gewisse Zeitspanne vergönnt ist, die er auf dieser Erde verbringen darf. Bei dem Neugeborenen beginnt sie gerade in der Gegenwart, wir »Älteren« haben bereits eine Vergangenheit und wissen nicht, wie lange unsere Zukunft noch währt. Russland drückt diesen Zusammenhang mit viel Humor aus, wenn es in einem Sprichwort sagt:

➤ **Wer geboren wird, schreit;**
   Wer stirbt, ist still.

Tiefere Einsichten, die auch als Galgenhumor verstanden werden können, scheinen nordische Völker auszuzeichnen. So meinen die Finnen:

➤ **Wer der Geburt nicht entgangen ist, entgeht nicht dem**
   Tode.

Und die Dänen legen nach:

➤ **Es ist besser, das Kind schreit,**
   als dass die Mutter seufzt.

Manchmal müssen Eltern unverständigen oder nervösen Menschen ins Gedächtnis rufen, dass Kinder deren Gegenwart und Zukunft sichern. Ohne Kinder ist alles nichts. Besonders treffend drücken dies die Russen aus:

➤ **Der Bauch tut weh,**
   gebiert aber Kinder,

heißt es da einmal, und zum zweiten (auch in Anspielung auf den nichtsnützigen Pascha):

➤ Besser einmal im Jahr gebären,
    als täglich den Bart zu scheren.

Wer ein Kind bekommt, hat seinen Teil dazu beigetragen, dass das zahlenmäßige Verhältnis zwischen jungen und älteren Menschen einen günstigeren Verlauf nehmen wird. Am besten drückt ein hebräisches Sprichwort diesen Zusammenhang aus. Dort heißt es:

➤ Kinder sind das Salz der Erde.

Gestatten Sie uns die Ausnahme eines Zitats. Wir empfehlen es als Schluss einer humorvollen und frohen Rede zur Geburt oder Taufe eines Sohnes. Wenn dieser, noch rosig und »unschuldig«, in seinem Kissen liegt und niemand der festlichen Gemeinde daran denkt, dass dieser künftig ein Wässerchen trüben könnte, wäre es passend, auf eventuelle Lausbubenstreiche einzustimmen. Und wer könnte dies besser als der Autor des weltberühmtesten Lausbubenromans, Mark Twain (1835–1910). Dieser schrieb 1876 die »Abenteuer des Tom Sawyer«, der mit seinem kongenialen Kumpan Huckleberry Finn das Mississippi-Delta unsicher machte.

Jede neue Geburt erfreut die deutschen Demografen.

Der US-Amerikaner Mark Twain erinnert sich an seine eigene Lausbubenzeit:

➤ Meine Eltern hatten einen Haufen Ärger mit mir,
    aber ich glaube, sie haben ihn genossen.

Die Gestaltung einer Tauffeier

Gedankliche Bausteine

Kinder – der tiefere Sinn des Lebens
Eltern- und Mutterliebe
Geburt und Abstammung
Erziehung und Entwicklung
Vergangenheit und Zukunft
Demografie

Tipps zur Gestaltung einer Taufe

1. Nach der Taufzeremonie in der Kirche trifft sich die Festgemeinde in der Regel in einem Restaurant zum Festmahl. Den besten Zeitpunkt für eine Rede zur Ehre des neuen Erdenbürgers kann man nicht prinzipiell festlegen. Zumeist wird jedoch nach der Suppe bzw. Vorspeise gesprochen, da die Aufmerksamkeit der Gäste jetzt am größten ist: Die Vorfreude auf die kommenden Gaumenfreuden hält den Geist wach, und niemand hatte bisher die Gelegenheit, alkoholischen Getränken im Übermaß zuzusprechen.

2. Wenn der Vater selbst keine Rede halten will, wäre es eine schöne Überraschung für die frisch gebackenen Eltern, wenn sich der Taufpate mit den Großeltern beider Linien auf den großen Tag vorbereiten würde. In einem solchen Fall übernimmt der Taufpate die Festansprache und ruft zu einem abgesprochenen Zeitpunkt und nacheinander alle vier Großeltern auf, die ihre Wünsche für den Täufling vortragen.

3. Zu einem gelungenen Fest können auch Anekdoten beitragen, die von nahen Verwandten der Eltern des Täuflings vorgetragen werden und die auf amüsante Weise von der Kinderzeit der Eltern berichten.

4. Wenn ein Kind sprechen lernt, dann lernt es die ganze Familie noch einmal von vorne,

sagt übrigens ein vietnamesisches Sprichwort. Dies ist ein schöner Ausblick auf die kommenden Jahre.

Aufbau einer Rede zur Geburt und/oder Taufe

1. Bitte beachten Sie bei jeder Rede zu einem festlichen Ereignis, dass sie nicht »gestelzt« oder »aufgesetzt« wirken sollte. Die Rede soll natürlich sein und zum größten Teil Ihre eigenen Gedanken und Wünsche beinhalten. Sie sprechen stellvertretend für die Festgemeinde und nicht der deutsche oder französische Volksmund. Gerade bei einer Taufe liegt es deshalb auf der Hand, möglichst mit Ihren eigenen Worten darüber zu philosophieren, wie sehr neues Leben unsere Sicht der Welt verändert, wie deutlich doch die alltäglichen Sorgen und Probleme in den Hintergrund treten, wenn wir mit dem Wunder des Lebens konfrontiert werden. Bei einer Taufe hält zumeist der Vater des Kindes, der/die Taufpate/in oder aber der Großvater eine Rede.

2. Ein Vortrag, der aus einer – mehr oder weniger sinnvollen – Aneinanderreihung von Sprichwörtern besteht, wirkt wie ein wissenschaftliches Kompendium, aus dem Sie zitieren. Vermeiden Sie auch dies und flechten Sie ein Sprichwort nur an wirklich geeigneten Textstellen ein.

3. Solche Textstellen finden sich beispielsweise unmittelbar am Anfang und am Ende der Rede. Mit gut ausgewählten Sprichwörtern können Sie Ihre eigenen Gedanken darüber hinaus unterstreichen. Ferner können Sie schöne Überleitungen zwischen verschiedenen Aspekten der Rede finden, wie etwa: »Ein Sprichwort aus Spanien bringt uns aber auch noch auf einen anderen Gedanken ...« oder: »In England sieht man die Sache dagegen so ...«

4. Denken Sie daran, dass Sie nur Sprichwörter wählen, mit denen Sie Ihre Rede würzen wollen, die eine eindeutige Aussage beinhalten. Sprichwörter sind zum Teil mehrdeutig und interpretationsbedürftig. So stammt das deutsche Sprichwort:

➤ Geburt ist etwas, Bildung mehr,

aus dem frühen 19. Jahrhundert und kanzelte die so genannten »Blaublütigen« vor der deutschen Revolution 1848 ab. Die Adeligen sollten sich doch nichts darauf einbilden, in den Adelsstand hineingeboren zu sein. Heute hingegen ist es Gott sei Dank egal, ob unser kleiner Jonathan adeliger oder bürgerlicher Herkunft ist. Seine Geburt ist für uns, die wir heute hier versammelt sind, einfach Alles! Denn, wie uns ein hebräisches Sprichwort sagt:

➤ Kinder sind das Salz der Erde.

5. Denken Sie bei jeder Rede daran, dass Sie die Festgäste nicht langweilen wollen! Mit jeder Ansprache, die länger als 15 Minuten dauert, gehen Sie das Risiko ein, dass Verwandten und Freunden die Augen zufallen.

6. Proben Sie Ihre Ansprache dazu mehrmals und gründlich zu Hause!

Kommunion, Firmung und Konfirmation

Nach wie vor gehören die Sakramente der Kommunion und Firmung im katholischen und das Fest der Konfirmation im protestantischen Glauben zu den großen Familienfesten im deutschsprachigen Raum.

Glaube leidet keinen Zweifel (Deutschland)

Die Kommunion, oder besser die katholische Erstkommunion, führt Kinder zwischen acht und zehn Jahren in die Gemeinschaft der gläubigen Erwachsenen ein. In der Regel findet der Gottesdienst zur Kommunion am ersten Sonntag nach Ostern statt, und die Kinder erhalten bei dieser Gelegenheit zum ersten Mal die heilige Kommunion. Vielleicht erinnern Sie sich noch selbst an dieses Fest: Als Mädchen gingen Sie mit feierlicher Miene und banger Erwartung in einem weißen Kleid und als Junge in Ihrem ersten dunklen Anzug mit Freunden und Schulkameraden zur Kirche. Ist die Kommunion die Einführung des Kindes in die christliche Gemeinschaft der Erwachsenen, so dient die Firmung zur Bestätigung des Glaubensbekenntnisses. »Firmlinge« zählen zwischen 14 und 16 Jahren und feiern ihr Versprechen, sich an die Prinzipien des christlichen Selbstverständnisses zu halten, gemeinsam mit den Eltern und den Taufpaten.

Kommunion, Firmung und Konfirmation sind die größen Kirchenfeste junger Menschen.

Ebenso wie die Firmung symbolisiert der festliche Akt der Konfirmation in der evangelischen Kirche die Bekräftigung des Taufbekenntnisses. Für die in der Regel 13- bis 15jährigen Konfirmanden wird ein Gottesdienst veranstaltet, der meist zwischen Palmsonntag und Pfingsten stattfindet. Dabei nehmen sie zum ersten Mal am Abendmahl teil. Feierlich wird es, wenn ihnen der Geistliche die Hand auf den Kopf legt und den so genannten Konfirmationsspruch zitiert, einen Vers oder Sinnspruch, der sie als Motto oder philosophisches Prinzip ein Leben lang begleiten soll.

Es ist schon merkwürdig: Kirche, Schule und Eltern schaffen es heute meist nicht mehr, die religiöse Sensibilität und die Empfänglichkeit für spirituelle Gedanken am Leben zu erhalten. Die Reizüberflutung unserer modernen Gesellschaft und die mannigfachen Lebensentwürfe, die vorgelebt werden, fordern ihren Tribut. Darüber hinaus wissen Kinder heute sehr viel mehr von der Welt, sie sind skeptischer und informierter.

Eine Rede bei einem solchen Fest kann heute deshalb »freier« sein als noch vor einer Generation, und sie kann mehr allgemeine moralisch-ethische Gedanken und Prinzipien zum Inhalt haben, als dies vielleicht im engeren christlichen Verständnis statthaft sein mag. Jeder Redner sollte sich zuerst überlegen, wer vor ihm steht, zu wem er redet und wie er seine Zuhörer am besten erreichen kann. Besonders Kinder und junge Heranwachsende haben ein untrügliches Gespür dafür, ob die Worte einer Rede an sie gerichtet sind oder ob da einer nur schlaue Botschaften zum Besten gibt.

Natürlich steht der Glaube an Gott im Zentrum des christlichen Bekenntnisses und seiner Sakramente. In einer Zeit, in der alle Gewissheiten hinterfragt werden, ist dies jedoch nicht einfach zu vermitteln. Vielleicht wird die Kraft des Glaubens durch ein Sprichwort aus Portugal sichtbar:

➤ Der Gläubige hat keine Augen;
   wer zu sehen wünscht,
   hat keinen Glauben.

Dieses Wort ist eine Adaption aus dem Johannes-Evangelium (20, 29), in dem es heißt:

➤ Selig sind die, die nicht sehen und doch glauben.

Und so heißen zwei deutsche Sprichwörter auch:

➤ Glaube leidet keinen Zweifel,

und:

➤ Glaube ist der Christen Reichtum.

Gut ausgewählte Sprichwörter machen die Kraft des Glaubens sichtbar.

Dass Glaube jedoch nicht nur eine Sache des Christentums ist, zeigt ein Wort aus Arabien. Dort erinnern die Menschen an die heilende und autosuggestive Wirkung des Glaubens und machen damit deutlich, welches Ziel der Glaube verfolgt:

➤ Glaube, und wenn auch nur an einen Stein,
   und du wirst gesund werden.

Ein interessantes Wort stammt aus Spanien, das den Anspruch des christlichen Glaubens auf die Wahrheit beschreibt:

➤ Glaube und Wahrheit haben
   ihren Lohn im Himmel.

Ein Bibelwort beschreibt den menschlichen Glauben als Schlüssel zu Gott:

➤ Wenn ihr mich von ganzem Herzen suchen werdet,
   so will ich mich von euch finden lassen
   (Jeremias 29, 13).

Sprichwörter über Gott finden sich bei allen Nationen sehr viele.

Diese Volksweisheiten sind jedoch zumeist nicht religiösen, sondern durchaus weltlichen Ursprungs und für eine Rede zur Kommunion deshalb weniger geeignet. Einige schöne und tiefsinnige Sprichwörter haben wir jedoch ausgewählt, die Kindern und Heranwachsenden im Gedächtnis bleiben

Nur wer sein Leben selbst in die Hand nimmt, kann auf die Hilfe Gottes vertrauen.

mögen. So beschäftigen sich viele dieser Einsichten damit, was Gott gibt und der Mensch empfängt.

➤ **Gott gibt und erinnert uns nicht dauernd daran;**
  die Welt gibt und erinnert uns unaufhörlich,

sagt ein afrikanisches Sprichwort und beschreibt damit, dass Gott immer für die Menschen da ist, ohne berechnend auf eine Gegenleistung zu warten. Denselben Zusammenhang beschreibt ein Sprichwort aus dem katholischen Polen:

➤ **Gott hilft dem,**
  der pflügt.

Damit wird ausgedrückt, dass Gott vom Menschen Eigeninitiative erwartet. Derjenige, der sein Leben in die eigenen Hände nimmt, kann auf Gottes Hilfe vertrauen. Etwas rustikaler sagen es die Russen:

➤ **Gott gibt wohl die Fische,**
  aber die Netze müssen wir uns selber machen.

Die Weisheit und Fürsorge Gottes für die Menschen werden in zwei Sprichwörtern aus Frankreich und Argentinien beschrieben. So sagt man in Frankreich:

➤ **Gott misst den Wind für das geschorene Schaf.**

Klar, ein geschorenes Schaf friert. Es ist seiner Wolle beraubt worden. Daher hält Gott Stärke und Temperatur des Windes erträglich. In Argentinien heißt es hingegen:

➤ **Gott sendet jedem die Kälte so, wie sie seiner Kleidung**
  entspricht.

Gott ist immer für uns da, wenn wir nur auf ihn und seine Werke vertrauen. Das bezeugen viele Volksweisheiten und so wusste man auch im alten Abessinien, im heutigen Äthiopien:

➤ **Gott gibt die wilden Datteln,**
  wenn er die edlen versagt.

Das heißt: Mensch, du kannst nicht immer alles haben, was du dir vorstellst, nicht alle Wünsche sind erfüllbar. Gott wird dich jedoch niemals verlassen. Bei dieser Gelegenheit passen auch die Bibelworte:

➤ **Und der Herr sprach: Ich will dich nicht verlassen, noch von dir weichen, (Josua 1, 5)**

und

➤ **Herr, deine Güte reicht, soweit der Himmel ist, und deine Wahrheit, soweit die Wolken gehen (Psalm 36, 6).**

Die Erziehung zur Mitmenschlichkeit, zur Verantwortung des Einzelnen in der Gemeinschaft ist ein wichtiges Ziel aller Weltreligionen. Eine sehr schöne Verbindung zwischen dem christlichen Glauben und seinem Ausdruck im Neuen Testament und einem afrikanischen Sprichwort findet sich, wenn man die Aufforderung Jesu':

➤ **Liebe deinen Nächsten wie dich selbst,**

und das Wort:

➤ **Gott hat nicht alle Finger gleich lang gemacht,**

in Beziehung zueinander setzt. Hier wird ein bedeutender Eckpfeiler jeder Beziehung zu Gott deutlich: die Toleranz. Ja, Gott hat nicht alle Finger gleich lang gemacht – die Menschen sind verschieden, sie haben unterschiedliche Hautfarben und verschiedene Charaktere. Wenn Kinder und Jugendliche diese Botschaft verstehen, ist schon viel gewonnen. Für uns Christen resultieren menschliche Toleranz, Mitgefühl und Weitsicht aus dem Glauben. Daher heißt es in Deutschland:

➤ **Gottseligkeit ist der Grund aller Tugend.**

Zum Abschluss Ihrer Rede zu Ehren eines Kommunionkindes, Firmlings oder Konfirmanden kann auch die Spottlust ein wenig aufblitzen. Viele Sprichwörter gibt es über die ungestüme Jugend, ihren Eifer und ihre mangelnde Vorsicht aufgrund der geringen Lebenserfahrung. Dies bringt ein Sprichwort aus England in einer einprägsamen Metapher auf den Punkt:

➤ **Je grüner das Holz, desto dicker der Rauch.**

Oberstes Ziel aller Religionen ist die Erziehung zur Verantwortung und Mitmenschlichkeit.

Und schließlich haben wir es mit jungen Menschen zu tun, mit unverstellten Kindern und ihrer Lebensfreude. Dies drückt ein weiteres Bibelwort aus:

➤ **Denn Ihr seid alle Kinder des Lichtes**
und Kinder des Tages (1. Thessaloniker 5, 5).

Die Gestaltung einer Kommunions-, Firmungs- oder Konfirmationsfeier

Gedankliche Bausteine

Glaube
Gott
Gemeinschaft und Verantwortung
Jugend und Reife

Tipps zur Gestaltung einer Kommunionsfeier

1. Während sich ein Familienfest zur Firmung oder Konfirmation nach dem Gottesdienst aufgrund des Alters der schon Herangewachsenen rasch verselbstständigt, sollte eine Kommunion sorgfältiger geplant werden.

2. Wenn sich die Familie gemeinsam in einem Restaurant oder zu Hause trifft und Eltern, Großeltern, Geschwister, Nichten und Neffen, Onkel und Tanten versammelt sind, ist es im Altbayerischen beispielsweise ein schöner Brauch, nach der Rede des Taufpaten und/oder eines Elternteils dem Kommunionskind alle guten Wünsche mit auf den Lebensweg zu geben. Dabei symbolisieren kleine Geschenke aus der Welt der Erwachsenen die jeweiligen Glückwünsche.
Diese Präsente können, je nach dem Grad der Religiosität in der entsprechenden Familie, einen Bezug zum christlichen Glauben haben.

Aufbau einer Rede zur Kommunion, Firmung, Konfirmation

1. Eine Ansprache zur Kommunion sollte das Kind, an das die Rede in Ihrer Funktion als Elternteil oder Taufpate gerichtet ist, nicht überfordern. Sie sollte kurz und prägnant sein und die neue Rolle des Kindes in der Welt der Erwachsenen beleuchten.

2. Trotz aller kirchlichen und schulischen Vorbereitung auf den festlichen Tag der Kommunion bleibt der tiefere Sinn des Sakraments oft verborgen und der Tag wird auf ein Familienfest reduziert. Machen Sie mit einfachen Worten deutlich, dass das Kind einen menschlichen und göttlichen Beistand hat, der es durch das ganze Leben begleitet. Es steht nicht alleine in der Welt, sondern kann sich in eventuell schwierig erscheinenden oder gar ausweglosen Situationen darauf verlassen, dass ihm Hilfe und Unterstützung gegeben wird. Und da sind eben nicht nur Vater, Mutter, Geschwister, andere Verwandte und Freunde, sondern da ist auch Gott, zu dem der gläubige Christ sprechen kann. Gerade diese Botschaft, die mit den Festen der Kommunion, der Firmung und der Konfirmation auch symbolisiert wird, ist für Kinder und junge Heranwachsende von besonderer Bedeutung. Kinderpsychologen wissen, dass das Gefühl der Einsamkeit und des Verlassenseins in der Welt der Erwachsenen, in der alles nach noch unüberschaubaren und komplizierten Regeln verläuft, nicht selten ist. Mit dem kirchlichen Akt der Aufnahme des Kindes oder des Jugendlichen in die Gemeinschaft der Gläubigen wird dagegen verdeutlicht, dass der werdende Erwachsene eben nicht alleine gelassen wird, sondern Freunde und Förderer hat.

3. Eine Ansprache zur Firmung oder Konfirmation kann anspruchsvoller sein, haben Sie es doch mit jungen Erwachsenen zu tun. Hierbei können Grundüberzeugungen, die im humanistischen und christlich-religiösen Weltbild wurzeln und die die menschliche Gemeinschaft erst menschlich machen, formuliert werden: Toleranz, Empathie, soziales Verhalten, Vertrauen ... Um eine Feier zur Kommunion aus der Sicht des Kindes möglichst persönlich zu gestalten, ist es möglich, kleine Anekdoten aus seinem Leben zum Besten zu geben. Charaktereigenschaften wie Hilfsbereitschaft, Freundlichkeit, ein offenes, sonniges Wesen oder auch Zielstrebigkeit und Wissbegierde könnten hervorgehoben werden und im Beisein der Festgäste mit Histörchen untermalt werden. Die heilige Kommunionsfeier symbolisiert ja die Aufnahme des Kindes in die Glaubensgemeinschaft, und für ein Kind ist die große Aufmerksamkeit, die ihm dabei aus der Welt der Erwachsenen zuteil wird, sprichwörtlich ein Fest.

Verlobung

Sich zu verloben heißt, sich gegenseitig die Ehe zu versprechen. Etymologisch betrachtet, kommt das Verb ver-loben von ge-loben, also die Erfüllung eines Versprechens oder eines Vorhabens fest in Aussicht zu stellen.

Ein einzelner Armreif klappert nicht (Kongo)

Bei einer Verlobung geben sich beide Beteiligte das Wort auf die spätere Eheschließung.

Die Ernsthaftigkeit dieser Verbindung drückt ein deutsches Sprichwort aus, das sagt:

➤ **Heimlich Verlöbnis stiftet keine Ehe.**

Klar, wer sich nicht offiziell das Ja-Wort für die Zukunft geben will, mithin also Zeugen des Vorgangs vermeidet, kann sich, ohne für das gebrochene Versprechen vor anderen gerade stehen zu müssen, flugs wieder lösen. »War da etwas?« – Deshalb gilt eine Verlobung, gerade wenn sie öffentlich gemacht wird, schon als eine ernste Sache und nicht als Spiel. Sehr schön ist eine Metapher, die den Menschen im Kongo hierzu eingefallen ist:

Das Ritual der Verlobung feiert in den westlichen Gesellschaften ein Revival.

➤ **Ein einzelner Armreif klappert nicht.**

Stimmt. Erst ein zweiter Armreif aus Holz, Metall, Muschelkalk oder Elfenbein bringt den ersten, der bisher allein am Handgelenk baumelte, zum Klingen. Das ist Philosophie: Erst durch die Gesellschaft eines zweiten Reifs zeigt der erste seine weiteren Eigenschaften und seinen wahren Charakter. Jetzt glänzt er nicht nur schön am Arm, sondern klingt auch. Kurzum: Der zweite macht den ersten reich und im

Zusammenspiel entfalten beide erst ihr volles Repertoire.
So sieht man es auch in China. Da heißt es beispielsweise:

➤ **Ein Tag Mann und Frau**
   sind hundert Tage Segen,

oder auch:

➤ **Mann und Frau**
   kennen keinen Groll,
   der eine Nacht überlebt,

und:

➤ **Freunde sind doch immer zwei,**
   Mann und Frau sind eins.

Genau das ist der Unterschied zwischen lockeren Verbindungen in Jugend und Junggesellenzeit, in der man sich »ausgetobt« oder vor sich hin gelebt hatte, ohne sich dem Partner ganz hinzugeben. Das Gefühl »eins« zu sein, in einem anderen Menschen aufzugehen, hatte sich noch nicht eingestellt.

Jetzt jedoch, bei der Verlobung, geht es nicht mehr ums leichtlebige Ausprobieren, sondern um das tiefere Gefühl der Liebe. Dies drückt der Talmud (hebräisch: Lehre, Gelerntes), die Aufzeichnungen jüdischer Lehren und Überlieferungen in der Zeit vom 6. Jahrhundert vor bis zum 9. Jahrhundert nach Christus, sehr treffend aus. Liebe heißt, und dies sollte den Verlobten klar und deutlich sein, einander zuhören, aufeinander eingehen. Der Talmud sagt:

➤ **Ist deine Frau klein,**
   so beuge dich zu ihr
   und höre.

Natürlich, wer wollte dies bestreiten, gelten auch heute noch, rund 2000 Jahre nach der Niederschrift der jüdischen Lehre, die Gesetze der Biologie. Und auch im Zeitalter der weiblichen Emanzipation ist es zumeist der Mann, der erobert, und in den überwiegenden Fällen die Frau, die erobert wird. Hier sind es die US-Amerikaner, die diesen

*Bei der
Verlobung
geht es nicht
ums »Aus-
probieren«,
sondern um
das tiefere
Gefühl der
Liebe.*

Gedanken sehr pragmatisch und »straight«, wie es ihre Art
ist, in zwei Sprichwörter kleiden. Zum einen sagen sie:

➤ **Der Mann ist der Kopf,**
  aber die Frau dreht ihn,

und zum anderen:

➤ **Der Mann jagt der Frau nach,**
  bis sie ihn erwischt.

Wem diese Philosophie frei nach John Wayne etwas zu sehr
nach dem Wilden Westen klingt, kann eine Anleihe im Fer-
nen Osten nehmen. In Japan heißt es dazu humorvoll:

➤ **Das Huhn ist es,**
  das den Hahn krähen lässt.

Natürlich ist auch diese Metapher reichlich unromantisch
und erscheint uns in ihrer ganzen Sinnhaftigkeit gleichwohl hart und prosaisch. Deshalb noch einmal zurück zum
eigentlichen Zauber der Liebe, zur Magie des Augenblicks.
Ein Wort aus dem Hohelied des Salomo (4, 9) im Alten Testament ist wunderschön:

➤ **Verzaubert hast du mich,**
  meine Schwester Braut;
  ja, verzaubert mit einem Blick
  deiner Augen.

Ja, so herrscht ein unsichtbares Band zwischen den Liebesleuten, eine Übereinstimmung, die im ansonsten nicht sehr
romantischen England an erster Stelle steht:

➤ **Übereinstimmung ist die Mutter der Liebe.**

Wie gesagt, eine offizielle Verlobung ist mehr als das bei
Liebesleuten gerade in der ersten Euphorie verbreitete:
»Ich werde dich immer lieben, nur dich – und keine(n)
Andere(n) ...«

Trotzdem besteht der weitere Sinn der Verlobung nicht nur
im Akt des Sich-die-Ehe-versprechen, sondern auch darin,
die Zeit bis zur Hochzeit zu nutzen, zum Ehe-Training. Ist
der/die, den/die ich heiraten will, wirklich der/die Richtige?

Gibt es nicht doch noch den oder die Andere/n? Eine Verlobung ist aufgrund der gesetzlichen und finanziellen Im-
plikationen einer späteren Hochzeit immer-
hin leichter zu lösen als eine Ehe. Dazu sagt *Zwischen Verlobung*
ein bekanntes deutsches Sprichwort, das *und Heirat sollte die Ehe*
angeblich von Wilhelm Busch stammt: *»trainiert« werden.*
➤ Drum prüfe,
   wer sich ewig bindet,
   ob sich nicht doch
   noch etwas Besseres findet.
Die in Geldangelegenheiten bekanntlich sparsamen Schot-
ten raten nicht nur in Finanz-, sondern auch in Gefühlsan-
gelegenheiten zur Sparsamkeit. Nicht ohne Poesie meinen
sie:
➤ Der Mann ist April,
   wenn er verliebt,
   und Dezember,
   wenn er verheiratet ist.
Deshalb sollte die Zeit zwischen Verlobung und Heirat zum
Ehe-Training genutzt werden. Dies gilt sowohl für den
Mann als auch für die Frau. Nicht nur der Hahn sollte prüfen, ob das Huhn, das ihn krähen lässt, das ist, was er wirklich sucht, sondern auch umgekehrt. Doch, wie es, bedauerlicherweise müssen wir dies feststellen, in der menschlichen
Kulturgeschichte allzu häufig ist: Alles ist Machismo, und
gerade die Sprichwörter als Volksgut sind in ihrer überwiegenden Mehrzahl auf die Erfahrungswelt der Männer abge-
stellt. Wer etwas zum Themenkreis Ehe-Training und Treue
sagen will, sollte deshalb den Humor nicht fehlen lassen
und sich dann und wann auch die Freiheit herausnehmen,
die Bezugsperson Frau durch Mann zu ersetzen. So heißt es
beispielsweise in Indien:
➤ Ist das Frühstück schlecht,
   so misslingt der ganze Tag;

ist das Kleid schlecht,

das ganze Jahr;

ist die Frau schlecht, dann

misslingt das ganze Leben.

Der Kern dieses Sprichworts ist die Überzeugung und wohl auch Erfahrung, dass es vor einer richtigen Verbindung angebracht ist, genau zu überlegen und vor allem an die Zukunft zu denken. Ein schlechter Tag kann »abgehakt« und selbst ein schlechtes Jahr kann überstanden werden. Die Aussicht auf ein schlechtes Leben allerdings will wohl jeder vermeiden. Aus dem Blickwinkel des modernen Mannes gesehen, kann selbst dies jedoch repariert werden. So schreiben die »Herren der Schöpfung« zwischen New York City und San Francisco den Damen ins Stammbuch:

➤ **Für jede Frau, die aus ihrem Mann einen Narren macht,**
   gibt es eine andere, die imstande ist, ihn wieder zu
   heilen,

und die Franzosen wissen:

➤ **Ein Mädchen begehrt nur einen Gatten,**
   und hat sie ihn, so begehrt sie alles.

Ähnlich in Deutschland. Hier heißt es:

➤ **Er ist Doktor,**
   sie ist Meister,

oder:

➤ **Ist das Geld die Braut,**
   so taugt die Ehe selten etwas.

In Spanien, dem Macho-Land schlechthin, warnt ein Sprichwort:

Eine Ver-
lobung ist
im Notfall
leichter
wieder zu
lösen als
eine Ehe.

➤ **Schlimm steht es um ein Haus,**
   wo das Schwert nach der Spindel tanzt.

Mit anderen Worten: Mann, achte darauf, dass du auch nach dem Ja-Wort der Chef bleibst und nicht nach dem Kommando deiner Frau leben musst. Andererseits heißt es in Spanien aber auch:

➤ Wer seine Frau nicht ehrt,
  entehrt sich selbst.

Deshalb sagen die Italiener, die nichts und niemanden so sehr anbeten wie ihre jeweilige »Donna« – bis auf die »Mama«, die sie Zeit ihres Lebens trefflich versorgt:

➤ Preise die Ehefrau,
  aber bleibe ledig.

Weit unerschrockener zeigen sich die chinesischen Männer:

➤ Würde ich dich fürchten,
  hätte ich dich nicht gefreit.
  Da ich dich freite,
  fürchte ich dich nicht.

Doch auch den Frauen wird in ihrer (spanischen) Familie wohlmeinend empfohlen, sich vorzusehen und den Kandidaten genauestens zu prüfen. Eventuell lassen die Mütter etwas von ihrer eigenen Erfahrung in die Ratschläge mit einfließen:

➤ Mutter,
  was soll man
  von der Hochzeit meinen?
  Tochter,
  spinnen, gebären
  und Tränen weinen.

Wozu dann also das Ganze? Wozu die Gefahr auf sich nehmen, in den Hafen der Ehe – und auf Grund zu laufen? Könnte die Liebe nicht auch ohne Ehe-Versprechen »ausprobiert« werden. Nein, jedenfalls nicht nach dem christlichen Verständnis. Paulus gibt uns hier im Neuen Testament (1 Korinther 7, 4–5) die logische und einleuchtende Antwort:

Eine gute Beziehung lebt von der Gleichberechtigung der Partner.

➤ Nicht die Frau
  verfügt über ihren Leib,
  sondern der Mann.

Ebenso verfügt nicht der Mann
über seinen Leib,
sondern die Frau.
Entzieht euch einander nicht,
außer im gegenseitigen Einverständnis
und nur eine Zeit lang,
um für das Gebet frei zu sein.
Dann kommt wieder zusammen,
damit euch der Satan
nicht in Versuchung führt,
wenn ihr euch nicht enthalten könnt.

Die Verlobung zweier Menschen gilt als Startsignal für den Ziellauf in den Hafen der Ehe. Den Zusammenhang zwischen Verlobung und Ehe beleuchtet ein Sprichwort aus England, dessen Einwohner bekannter Weise nicht allzu sehr zur Schwelgerei neigen. Deshalb sagt man dort, nach dem Motto »Augen zu – und durch!«:

➤ Die Ehe hat viele Leiden, aber
die Ehelosigkeit hat keine Freuden.

Ebenso mit viel Humor können die folgenden Wörter – das erste aus Deutschland ist richtig und ein wenig ironisch, das zweite aus Estland ist ironisch und sollte nicht richtig sein – in einen launigen Vortrag eingebaut werden:

➤ Jeden deucht seine
Braut die Schönste,

und:

➤ Für die Braut
Musik und Schönheit;
für die Ehefrau
Hunger und Durst.

Gewiss ein Körnchen Wahrheit (denn die Erfahrungen gleichen sich) dürfte sich in einem Sprichwort aus China verbergen, das allerdings mit Vorsicht verwendet werden sollte:

➤ **Beim Hauskauf**
   sieh aufs Dachgebälk,
   bei der Brautschau
   sieh die Mutter an.

Für die Eltern und Angehörigen der Verlobten bringt der
Schritt der jungen Leute die Vorbereitung und Einstimmung auf einen neuen Lebensabschnitt mit sich. Eine
Verlobung macht deutlich, dass die Kinder wirklich flügge
geworden sind, und dass sich die Gründung einer neuen
Familie ankündigt. Die Bande zwischen Eltern und Kindern
werden offiziell getrennt und Vätern und Müttern wird
dies manchmal schmerzlich bewusst. In China meint man
dazu:

➤ **Eine Tochter,**
   die das Haus verlässt,
   ist wie ein verkauftes Feld.

Na ja, nicht sehr geschmackvoll und äußerst materialistisch der Vergleich. Dennoch drückt dieses Sprichwort den
Umstand treffend aus: Die Tochter zählt nicht mehr zum
eigenen Einflussbereich. Sie ist wirklich »weg«. So sehen
es jedenfalls die Väter. Die Mütter hingegen wollen sich
manchmal nicht damit abfinden und bemühen sich, die Verbindung zur Tochter aufrechtzuerhalten. Deshalb warnt ein
serbisches Wort:

➤ **Wenn Gott einen Mann strafen will,**
   so gibt er ihm eine einzige Tochter zur Frau.

In Spanien hingegen weiß man sehr genau um die Kette der
Ereignisse, die eine Verlobung auslösen kann. Ist der Zustand einer bestehenden und künftig noch enger werdenden
Verbindung erst dokumentiert, werden die Begehrlichkeiten
und die Möglichkeiten, die Tochter gut zu verheiraten, größer. Deshalb heißt es auf der iberischen Halbinsel:

➤ **Wenn die Tochter unter der Haube ist,**
   erscheinen die Freier in Scharen,

*Die Ver-
lobung ist
Einstimmung
und Vorbe-
reitung auf
einen neuen,
unbekann-
ten Lebens-
abschnitt.*

und in England:

➤ **Gläser und Töchter sind stets in Gefahr.**

Ähnlichen Stolz drücken chinesische Eltern aus, wenn sie Kund tun:

➤ **Eine Familie zieht eine Tochter groß,**
  und hundert Familien werben um sie.

Dieses letzte Sprichwort mag für den stolzen Vater der künftigen Braut das beste Wort sein.

Die Gestaltung einer Verlobungsfeier

Gedankliche Bausteine

Liebe

Ehe-Training und Treue

Verlobung und Ehe

So sehen es die Eltern und Angehörigen

Tipps zur Gestaltung einer Verlobungsfeier

1. Eine Verlobung ist (noch) keine Hochzeit. Deshalb spielen hier in der Regel besonders die Freunde und Bekannten des Verlobungspaares eine tragende Rolle. Diese können mit amüsanten Einlagen viel zu einer stimmungsvollen und unterhaltsamen Feier beitragen.

2. So gibt es bei bayerischen Hochzeiten aber auch aus Anlass einer Verlobung den Brauch, dass die besten Freunde des künftigen Bräutigams eine Szene einstudieren. Zu dieser Szene braucht es keine großen Requisiten: Man trifft sich »zufällig« im Wirtshaus und beginnt eine gepflegte Unterhaltung über die Nachricht, die man »soeben« gehört hat. Und das geht dann so:

»Stell dir vor, der Franz hat sich verlobt. Ja, was sagst du denn dazu?«

»Ja mei, bei dem hat man ja gedacht, dass er so was nie macht. Aber nie!«

»Warum denn nicht?«

»Frag doch nicht so! Du weißt doch, dass der Franz auf seine Freiheit den allergrößten Wert gelegt hat. Der – und sich festlegen? Aber nie!«

»Na ja, aber schau, die Susanne ist ein blitzsauberes Madl. Da kann ein Mann schon seine Prinzipien vergessen ...«

Und so weiter. In diesem Programm lassen sich gemeinsame Erlebnisse, Streiche aus der Jugend und wortgewandte Witzeleien einstreuen. Mancher, der erstmals eine solche Szene einstudiert, spürt, dass beinahe ein Kabarettist an ihm verloren gegangen ist. Doch Vorsicht: Ersparen Sie den Festgästen, besonders aber dem Verlobungspaar, zweideutige Andeutungen. Diese gehören wirklich nur ins Wirtshaus.

3. Wenn es noch etwas lustiger und gegebenenfalls auch süffisanter zugehen darf, können die Organisatoren die frisch Verlobten und ihre Gäste auch mit einer kleinen und feinen schauspielerischen Einlage erheitern. Wie das geht? Ganz einfach: Der Verlobte wird augenzwinkernd herausgefordert und muss es »ertragen«, dass die hübschesten Mädchen und Frauen der Gesellschaft ihm »Avancen« (natürlich nur spielerisch) machen. Sie flirten ihn an, reizen die Sinne mit verführerischen Posen und machen sich über sein Gebunden-Sein lustig. Was wird er wohl tun? Eine »Probe« auf's Exempel! Doch Vorsicht! Ein derartiges »Schauspiel« sollte vorher geprobt werden, sonst könnten die Temperamente der Brauteltern über die Schnur schlagen.

Aufbau einer Rede zur Verlobung

1. Sie können als Vater/Mutter der oder des Verlobten, als Bruder oder Schwester, anderweitig Verwandter oder als Freund/in eine Rede zur Verlobung halten.

2. Natürlich ist das Hauptthema die Liebe. Gut gelaunt, fröhlich und ausgelassen sollte sie sein, die Ansprache – und solche Sprichwörter wie:

➤ Das Huhn ist es, das den Hahn krähen lässt,

oder:

➤ Der Mann ist der Kopf, aber die Frau dreht ihn,

eignen sich vorzüglich dazu, gute Stimmung zu verbreiten.

3. Da eine Verlobung ein Versprechen auf die Ehe ist und mehr als lediglich die lockere Verbindung zweier Liebesleute, spielen daneben die Aspekte der Treue, des Aufeinander-Wartens und der Hoffnung selbstverständlich eine große Rolle. Auch hier kann sich der Redner mit Hilfe des Wortwitzes von gut ausgewählten Sprichwörtern von einem Aspekt zum nächsten hangeln. So könnte man, an das Verlobungspaar gerichtet, etwa sagen: »Das Stadium der Prüfung nach dem Motto:

➤ Drum prüfe, wer sich ewig bindet,

   ob er nicht doch noch etwas Besseres findet,

habt Ihr ja wohl schon hinter Euch. Sonst würden wir heute hier nicht gemeinsam Eure Verlobung feiern. Und nun wollen wir alle unserer Hoffnung Ausdruck geben, dass Euer starkes Gefühl füreinander beständig weiter wächst und wir bald zusammen Eure Hochzeit erleben dürfen. Ich bin der festen Überzeugung, dass es so kommen wird und für Paul nicht das schottische Sprichwort

➤ Der Mann ist April, wenn er verliebt, und Dezember, wenn er verheiratet ist,

sondern auch in alle Zukunft das Hohelied des Salomo aus dem Alten Testament gelten wird, das da sagt:

➤ Verzaubert hast du mich, meine Schwester Braut;

   ja, verzaubert mit einem Blick deiner Augen.

Hochzeit

Bei einer Hochzeit versammelt sich
die größte Zahl an Gästen, da die
Angehörigen und Freunde zweier
Familien zusammenkommen. Wie
groß die Harmonie der Feier ist,
wissen die Beteiligten zumeist erst
nach ihrem Ende.

Jeder sieht ein Stückchen Welt, gemeinsam sehen wir das Ganze (Schweiz)

Da es bei einem gut gelungenen Hochzeitsfest eigentlich
dazugehört, dass der Vater der Braut eine Rede hält und
der Vater des Bräutigams darauf antwortet,
ist eine möglichst perfekte Vorbereitung eines solchen Vortrags, zumal für die Eltern
des Hochzeitspaares, Ehrensache. Denn sie
tragen mit einer guten und ausgewogenen
Rede wesentlich zum Gelingen des Festes
bei. Das bei der Hochzeit Gesagte gilt vielen Brautleuten als Symbol für ihren künftigen gemeinsamen Lebensweg. So gibt es in Sizilien beispielsweise den
(Aber-)Glauben, dass ausnahmslos alle guten und auch alle
schlechten Wünsche, die am Hochzeitstag beabsichtigt oder
unbeabsichtigt formuliert werden, in Erfüllung gehen.
Eine Rede muss also durchdacht und ausgewogen sein, kein
Anwesender sollte sich brüskiert oder herabgesetzt fühlen,
die eigene Familie respektive der eigene Freundeskreis sollte
nicht besonders hervorgehoben und die »eingeheiratete«
Familie nicht mit geringerer Achtung behandelt werden.
Eigentlich ist das selbstverständlich. Doch weniger harmo-

*Eine gute Rede der
Brauteltern gehört zum
Standard einer gelungen
Hochzeitsfeier.*

nische Hochzeitsfeiern gibt es vielen Erfahrungen zufolge wohl ebenso häufig wie gelungene und schöne Feiern, die den Eheleuten und ihrer jetzt gemeinsamen und größeren Familie positiv im Gedächtnis bleiben.

»Gemeinsam«: Dieses Wort und der ihm zugrunde liegende Gedanke ist entscheidend. Die Heirat zweier Menschen begründet und besiegelt nicht nur eine neue Lebenspartnerschaft. Aus ihr entstehen im Regelfall auch neue Nachkommen, deren Wurzeln in zwei Familien liegen, die bis zum Tag der Hochzeit keine oder wenige Berührungspunkte haben. So kommt zum eigenen Fleisch und Blut, dem Kind, das sich mit seinem Partner verbindet, ein anderes Fleisch und Blut hinzu. Beides vermischt sich und begründet eine neue Linie. Und so trifft ein türkisches, ins Deutsche gereimte Sprichwort, den Kern der Sache, wenn eine Mutter zu ihrer Tochter sagt:

➤ **Du bist mir nicht verloren,**
da du mir einen neuen Sohn hast auserkoren.

Wir sind aufrichtig und wollen Ihnen, dem geneigten Leser, nichts vormachen: Ironische, spöttische, schelmische, ja – und ausgesprochen böse Sprichwörter über die Heirat und die Ehe sind im Sprach- und Kulturschatz der Völker Legion! Es obliegt uns nicht, über die Ursache zu spekulieren. Offensichtlich aber ist es so, dass schlechte Erfahrungen mit der Institution Ehe weitaus häufiger weitererzählt und in Sprichwörtern und Zitatenschätzen tradiert werden als gute.

Ihnen jedoch, der oder die Sie sich vorbereiten auf eine gehaltvolle, unterhaltsame und Hoffnung spendende Hochzeitsrede, obliegt es sehr wohl, auch Sprichwörter mit »Beigeschmack« humorvoll zum Guten zu wenden. In besonderer Weise sollten Sie dies bei allzu patriarchalisch anmutenden Bonmots beherzigen. Ja, man(n) muss schon zugeben, dass Sprichwörter Sinnbilder der gesellschaftlichen Entwicklung

sind. Und hierbei geht es bei diesem Thema ziemlich patriarchalisch zu. Kein Problem entsteht bei den Worten, die Sie
an die Brautleute richten können. Da heißt es beispielsweise
sowohl zwischen Seine und Rhône:

➤ Kein Topf ist so schlecht,

   dass er nicht seinen Deckel findet,

als auch zwischen Rhein und Oder:

➤ Kein Töpfchen so schief,

   es findet sich ein Deckelchen drauf.

Umso besser, wenn die Brautleute gut aussehend sind.
Dann treffen diese Sprichwörter auf eine amüsierte Hoch-
zeitsgesellschaft! Ebenso elegant und spaßig können Sie ein
Sprichwort aus Spanien einfließen lassen:

➤ Der schlechteste Esser

   beim Hochzeitsmahl

   ist die Braut.

Im Reich der Mitte weiß man, dass die meisten Ehen über
die Fleischeslust geschlossen werden:

➤ Hört ein Mann beim ersten Mal

   nicht auf das Bettgeflüster seiner (künftigen) Frau,

   hört er es doch beim zweiten Male.

Noch eine Bemerkung in diesem Zusammenhang: Warnun-
gen vor der Ehe sind zum jetzigen Zeitpunkt zu spät. Aber
Sie haben Ihren Kindern wohl schon zu einem früheren
Zeitpunkt das Sprichwort aus Galizien in der Gegend von
Tarnów im heutigen polnischen Staatsgebiet ans Herz ge-
legt:

➤ Beim Verlieben und beim Kneten

   muss man sich Zeit lassen.

Zur Erklärung: Das Verb »kneten« meint nicht etwa Unan-
ständiges, sondern bezieht sich auf das Kneten des Brot- und
Kuchenteigs. Hefeteig, so sagen die Hausfrauen, braucht gut
Walken (Kneten).

Was ist nicht schon alles über die Ehe gesagt und geschrie-

Es gibt ungezählte ironische, spöttische und sogar abwertende Sprichwörter über die Hochzeit.

Jede Ehe ist so individuell wie die Menschen, die sie führen.

ben worden? Tatsache ist immerhin, dass hierzulande mehr
als jede dritte Ehe im Zeitraum von zehn Jahren nach der
Hochzeit wieder geschieden wird. Will aber jemand allen
Ernstes die frisch verliebten Brautleute mit einem schlechten Gefühl in das Eheleben begleiten? Wohl kaum. Das Verhältnis eines Paares zueinander verändert sich nicht durch
die Tatsache, dass ihr Zusammensein institutionalisiert ist.
Vielmehr ist es so, dass jede Ehe ihren individuellen Cha-
rakter hat. Sie wird von zwei Menschen gelebt und nicht
von einer Institution. Außerdem haben wir ohnehin keine
Chance. Denn in Italien sagt man:
➤ Gott macht die Menschen
   und er macht sie zu Paaren.
So mag es angebracht sein, an die religiösen Wurzeln der
Ehe, in der katholischen Kirche ein heiliges Sakrament, zu
erinnern. Im ersten Buch Mose (1, 28) heißt es:
➤ Und Gott segnete sie
   und sprach zu ihnen:
   Seid fruchtbar und mehret euch!
Das Neue Testament sieht noch einen weiteren triftigen
Grund für die Ehe: die Vermeidung von »Unzucht«, also
»unsittlichem« Verhalten. Bei Paulus (1 Korinther 7,12) steht
zu lesen:
➤ Es ist gut für den Mann,
   keine Frau zu berühren.
   Wegen der Gefahr der Unzucht
   soll aber jeder seine Frau haben,
   und jede soll ihren Mann haben.
Drei alte Sprichwörter aus Deutschland lassen keinen Zweifel zu. Zum einen heißt es:
➤ Ehestand ist der heiligste Orden,
zum zweiten:
➤ Ehestand Ehrenstand,
und drittens:

➤ **Gottes Hand knüpft das Eheband.**

Den Sprung in eine modernere Deutung des Phänomens Ehe verdanken wir Japan:

➤ **Ehen schließt der Zufall.**

Ähnlich prosaisch und fatalistisch, was das Zustandekommen einer Ehe anbelangt, sieht es ein weiteres Sprichwort aus Deutschland:

➤ **Wer entbehrt der Ehe,**
  lebt weder wohl noch wehe.

Wird aber eine Ehe geschlossen, kommt es auf das Verhältnis zwischen Mann und Frau an. Darin entscheidet sich das Schicksal einer ehelichen Verbindung. Die in vielen Bereichen äußerst lebensklugen Chinesen empfehlen für eine gute Ehe folgende Spielregel:

➤ **Im Bett wie Mann und Frau,**
  außerhalb des Betts wie Gäste.

Warum? Die Gastfreundschaft gilt bei vielen Völkern, besonders in Ländern, wo bei Reisen große Entfernungen überwunden werden müssen, als eine der vornehmsten Pflichten des Hausherrn. Gästen wird das Beste der Vorräte gereicht, sie werden umsorgt und verpflegt, mit größtem Respekt und mit Hingabe behandelt. Achtung, Würde und Respekt: Wenn sich Eheleute nach den Maßstäben dieser Werte zueinander verhalten, kann nichts schief gehen. Bezüglich der ehelichen Liebe und Familienangelegenheiten steuern Deutsche eine Lebensweisheit bei:

➤ **Aus dem Ehebett**
  soll man nicht schwatzen.

Mit gehobenem Zeigefinger heißt es hierzulande in Anbetracht des Verhältnisses von Ehemann und -frau darüber hinaus:

➤ **Wie der Mann,**
  so brät man ihm die Wurst.

Ja, ein »böser« Mann, der seine Frau nicht gut behandelt,

In der Harmonie zwischen Mann und Frau entscheidet sich das Schicksal jeder Ehe.

verdient eben auch keine gute Mahlzeit. Ohnehin sollte er
an ein Sprichwort aus Russland denken, das besagt:

➤ **Eine Freundin sei die Frau dem Mann,**
   aber keine Dienstmagd.

In China sekundiert der bäuerliche Volksmund:

➤ **Ein guter Mann schlägt nicht**
   seine Frau,
   ein guter Hund beißt nicht
   die Hühner.

Der »russische Pascha« kontert jedoch:

➤ **Ein Hund**
   ist klüger als eine Frau;
   er bellt seinen Herrn
   nicht an.

Nur mit Humor, mit einem kräftigen ironischen Unterton
und zur Erheiterung der Hochzeitsgäste empfiehlt sich ein
Sprichwort aus Georgien:

➤ **Der Mann taub und die Frau stumm**
   gibt die besten Ehen.

Leider äußern
sich zahlrei-
che Sprich-
wörter wenig
schmeichel-
haft über den
Charakter der
Frauen.

Doch eher verhält es sich mit der Durchschnittsehe wohl so
wie in einem Sprichwort aus Deutschland:

➤ **Die Ehe ist ein Hafen im Sturm,**
   öfter aber ein Sturm im Hafen,

als nach einer (rüden) englischen Volksweisheit:

➤ **Gut gehenkt ist besser**
   als schlecht verheiratet.

Fingerspitzengefühl ist auch beim Zitieren eines serbischen
und eines bulgarischen Sprichwortes erforderlich. Sie sollten eine gute und humorvolle Freundschaft zu den Brautleuten pflegen, die bereits mehrfach in den Stand der Ehe
getreten sind. Dann werden sie, very amused, verstehen. In
Serbien heißt es:

➤ **Die erste Frau fürchtet den Mann,**
   die zweite Frau fürchtet der Mann,

und in Bulgarien sagt man:

➤ Meine erste Frau war meine Frau,
   meine zweite mein Herr,
   die dritte meine Ikone.

Wenig Schmeichelhaftes bieten die Sprichwörter über den Charakter von Ehefrauen. Bedauerlicherweise muss dies gesagt werden. Kein Wunder, denn schon die Apostel, an dieser Stelle Paulus (1 Thimotheus 2,11) im Neuen Testament äußerten sich »despektierlich«:

➤ Dass eine Frau lehrt,
   erlaube ich nicht;
   auch nicht,
   dass sie über ihren Mann herrscht;
   sie soll sich still verhalten.

Deshalb kann ein solches Wort in Ihrer Rede nur etwa folgendermaßen – charmant – eingebaut werden: »Gott sei Dank ist es heute nicht mehr so, dass unsere verehrten Frauen den Worten des Apostels Paulus Folge leisten müssen, der im Neuen Testament zitiert wird: ›...‹, und dass sie heute gleichberechtigt an unserer Seite stehen.« Sehr viel schöner ist da schon ein Sprichwort aus Japan:

➤ Meine Ehefrau an meiner Seite:
   du bist Wärme, Nahrung und
   Begleitung.

Und was eine glückliche Ehefrau ausmacht, ist schon bei der Vermählung durch ihre Tränen der Rührung und Freude zu erkennen, wie ein deutsches Sprichwort weiß:

➤ Weinende Braut,
   lachende Frau.

Denselben Zusammenhang formuliert ein weiteres Sprichwort aus Deutschland:

➤ Wenn die Braut bei der Hochzeit weint,
   das Leben lang die Sonne scheint.

Munition für den Vater der Braut, der zumeist auf die Rede

des Bräutigam-Vaters antwortet, liefern ausgerechnet die Franzosen. Sie sagen:

➤ **Um den Wolf zu zähmen,**
musst du ihn heiraten.

Um einen der eher seltenen Fälle, bei denen der Volksmund von einer Frau gespitzt worden ist, dürfte es sich bei einem Sprichwort handeln, das auf Ehemänner gemünzt wurde. So sagt man in Serbien:

➤ **Das größte Glück**
ist ein guter Ehemann
und das nächste
ein guter Diener.

Die nachfolgenden Sprichwörter sind als Ratschläge bereits verheirateter oder verheiratet gewesener Herren der Schöpfung mit »Totalschaden« an den frisch vermählten Ehemann zu verstehen. In Japan rät man »von Mann zu Mann«:

➤ **Öffne dein Herz auch dann nicht**
deiner Frau, wenn sie dir bereits
sieben Kinder geboren hat.

Und in Schottland empfiehlt man auch in dieser Lebenslage Zurückhaltung und Sparsamkeit:

➤ **Wer seiner Frau alles erzählt,**
ist erst jung verheiratet.

Viele Sprich-
wörter über
die Hochzeit
sind nur mit
viel Finger-
spitzengefühl
zu präsen-
tieren.

Sehr viel romantischer sieht man es in Afghanistan – wenigstens, was den Blick auf Indien anbelangt (Indien war zur Zeit der Entstehung dieses Sprichworts der große Nachbar Afghanistans, Pakistan existierte noch nicht und spaltete sich später von Indien ab). Dort sagen die Leute:

➤ **Um der Liebsten willen**
isst der Inder sogar Rindfleisch.

Handelt es sich um eine Liebesheirat oder doch eher um eine staatlich (und kirchlich) sanktionierte Verbindung mit Versorgungscharakter auf Basis der finanziellen Absicherung? In hoch herrschaftlichen Kreisen früherer Jahrhunderte hat sich diese Frage zumeist nicht gestellt. Es ging, wie im Hause Habsburg, um weltbewegende Dinge wie Erb- und Thronfolge, die Sicherung des monarchischen Einflussbereichs – und ums liebe Geld. Da wurde nicht lange gefackelt, da wurde geheiratet, wen »Papa« und die Familie bestimmt hatten. Emotionale, ästhetische oder gar erotische Neigungen spielten keine Rolle. Doch das englische Sprichwort:

➤ **Geld zu haben**
   ist keine Schande,
   es nicht zu haben,
   aber schon,

spielt hie und da auch in der bürgerlichen und offenen demokratischen Gesellschaft eine Rolle. Jeder kennt die beiden deutschen Sprichwörter und dasselbe in englischer Form:

➤ **Geld stinkt nicht,**
und:
➤ **Geld regiert die Welt,**
sowie:
➤ **Money makes the world go (a)round.**

Da verwundert es nicht, dass es auch im Zusammenhang mit der Ehe durchaus despektierliche Volksweisheiten gibt. Wie diese aus Spanien:

➤ **Gott,**
   schick mir einen reichen Mann,
   auf den Verstand
   kommt's mir nicht an,

oder wie man in England sagt:
➤ **Geld will zu Geld,**
oder auch das kesse französische Wort:
➤ **Die hässlichsten Kater**
   bekommen die schönsten Katzen.

»Warum wohl«? möchte man fragen. Doch dieser Umstand ist das Resultat einer Erkenntnis aus Indien, die da lautet:

Eine Anspielung auf die hohe Scheidungsrate muss bei einer Hochzeit vorsichtig platziert werden.

➤ Der Gatte der Frau ist der Mann,
   der Gatte des Mannes ist sein Geschäft.

Da halten wir es lieber mit der Liebesheirat. Denn wo wenig
ist, kann auch nicht über viel gestritten werden. Dazu sagt
ein Sprichwort aus Deutschland:

➤ In der Ehe mag kein Frieden sein,
   regiert darin das Mein und Dein.

Niemand möchte Wasser in den Wein einer Hochzeitsfeier
gießen. Mit anderen Worten: Eine Situation, in der die Liebe
und tiefe Gefühle das Regiment führen, sollte nicht sauertöpfisch und oberlehrerhaft belastet werden. Andererseits:
Wohl dosiert und humorvoll präsentiert, kann eine Anspielung auf die bedauerlicherweise hohe Scheidungsrate auch
nicht ganz verkehrt sein. Hierzu ein Sprichwort aus England, wo man leicht unterkühlt und mit einer gehörigen
Portion an Understatement auf große Gefühlsaufwallungen
reagiert. »Very british« also:

➤ Die süßeste Pflaume
   im Hochzeitskuchen ist die Hoffnung.

Es gibt Sprichwörter, die nicht zitierfähig sind. Von einer
ganz bestimmten Gattung existieren sogar derart viele,
dass niemand glauben mag, dass sich darunter nicht auch
welche befinden würden, die zum Besten zu geben wären.
Nein. Kein einziges der Sprichwörter über Schwiegermütter
wäre so zu interpretieren, so zu wenden oder so wohltempe-
riert darzubringen, dass auch die Schwiegermutter lächeln
könnte. Die Volksweisheiten zu diesem Thema sind einfach
nur niederträchtig und gemein. Na ja, wer eben dem Volk
aufs Maul schaut... Deshalb belassen wir es an dieser Stelle
mit sechs Sprichwörtern zum Phänomen Schwiegermutter
und enthalten uns jeglichen Kommentars. Ein deutsches
Sprichwort meint:

➤ Des Mannes Mutter,
   der Frauen Teufel,

und in der Ukraine heißt es:
➤ **Mutter der Braut –**
   Galle des Hochzeitsmahls.
Die Inder pflegen zu sagen:
➤ **Schwiegermutter – Tigermutter,**
und in Russland heißt es:
➤ **Schwiegermutter und Schwiegertochter –**
   Sturm und Hagelschauer.
Ähnlich charakterisieren die Deutschen das seltsame Verhältnis:
➤ **Schwiegermutter, Schwiegertochter,**
   Hund und Katze.
Wer auch immer es war – es gibt einen Stoßseufzer aus Polen, der in ein Sprichwort Eingang gefunden hat:
➤ **Schwiegermutter – bist du nicht auch einmal Schwiegertochter gewesen?**
Aber Schwiegermutter hin, Schwiegermutter her – Mann und Frau nehmen dieses Risiko, auch wenn es manchmal unkalkulierbar scheint, letztlich doch in Kauf. Denn, wie sagt man so trefflich in Russland?
➤ **Um alleine zu schlafen,**
   ist keine Decke warm genug.
Und die Lockungen einer schönen Frau sind es doch, die einen Mann dazu bringen, alle Gefahren zu vergessen und sich auf sein eigenes Urteil zu verlassen. So heißt es diesbezüglich in Kenia:
➤ **Um eine weiße (d.h. hellhäutige und daher schöne, d. Verf.) Tochter**
   braucht man den Medizinmann
   nicht zu Rate zu ziehen.

Sprichwörter zum Thema »Schwiegermutter« sollten auf einer Hochzeit strikt vermieden werden.

Die Gestaltung einer Hochzeitsfeier

Gedankliche Bausteine

Die Brautleute
Eheleben
Ehefrauen
Ehemänner
Geld
Hochzeitsfeier
Schwiegermütter

Aufbau einer Hochzeitsrede

1. Die erste Rede bei einer Hochzeit zu halten, gilt meist als das vornehme Recht des Brautvaters. Ist er es doch, der seine Tochter in die Hände des Schwiegersohns überführt. Zumeist erwidert der Vater des Bräutigams, und beide spenden einen kräftigen Toast auf das Wohl der frisch vermählten Eheleute. Dazu geben oft auch die Trauzeugen eine Ansprache zum Besten, in denen sie gemeinsame Erlebnisse aus ihrer Freundschaft mit den Ehepartnern berichten.

2. Eine gute Rede ist kurz, humorvoll, unpathetisch und persönlich. Das heißt: Sie sollten die Hochzeitsgäste nicht allzu lange auf die Folter spannen, mit Ihrer Rede zur Erheiterung beitragen (Sprichwörter bieten sich hierzu in Hülle und Fülle) und nicht ohne Not auf die Tränendrüse drücken. Zuletzt sollten Sie besonders Ihre persönliche Sicht der Dinge und Ihre eigenen Wünsche an die Adresse des Paares formulieren. Gut ist beispielsweise, wenn Sie etwas zum Lebensweg Ihres »Kindes« und zu seiner Entwicklung vom Jugendlichen zum/zur heute verheirateten Sohn/Tochter sagen.

3. Beziehen Sie sich in Ihrer Ansprache auf die Generationen in Ihrer Familie. Sind die Großeltern des Paares noch vorhanden, ist es ein schöner Brauch und der Ausdruck des Respekts, von deren Hochzeit sowie von Ihrer eigenen Vermählung zu erzählen. Wie war es damals? Unter welchen Begleitumständen

haben Sie selbst und haben Ihre eigenen Eltern – und die Eltern des Ehepartners – geheiratet?
4. Sprechen Sie den Inhalt Ihrer Rede mit der Familie des Ehepartners im Sinne
einer guten Hochzeitsvorbereitung ab, um schon im Vorfeld Überraschungen
auszuschließen.

Tipps zur Gestaltung einer Hochzeitsfeier

Es gibt unendlich viele Hochzeitsbräuche aus aller Herren Länder. Je nach Alter
und Temperament der Vermählten sowie nach der Zusammensetzung der Hoch-
zeitsgesellschaft wird eine Feier vom Ehepaar lustig und ausgelassen oder in
einer sehr »gediegenen« und eventuell steiferen Atmosphäre ausgerichtet.
1. Einer der bekanntesten Hochzeitsbräuche ist es, unmittelbar nach der Eheschließung – am besten nach dem Verlassen der Kirche bzw. des Standesam-
tes – den Brautstrauß zu werfen. Die frisch getraute Ehefrau kehrt dazu der
Festgemeinde den Rücken und wirft ihren Brautstrauß hinter sich in die Menge.
Das Mädchen bzw. die Frau, die ihn fängt, wird, so prophezeit der Aberglaube,
als nächstes verehelicht. Zwei weitere Varianten der Bräuche, die sich um den
Brautstrauß ranken, sind das Ersteigern des Gebindes sowie den Strauß dem
besten Tanzpaar bei der Feier zu übergeben. Im ersten Fall erhalten die zumeist
jungen Brautleute zusätzlich etwas Startkapital für ihren gemeinsamen Haushalt; im zweiten Fall wird ein lustiger Wettbewerb um den Strauß veranstaltet
und die Festgemeinde auf spielerische Weise dazu gebracht, intensiv das Tanzbein zu schwingen.
2. Die Brautentführung gehört ebenso zu den wohl bekannten Bräuchen einer
Hochzeit. Ohne das Wissen des Ehemanns wird seine Frau von Freunden und
Bekannten »entführt« und meist in ein abgelegenes Lokal verschleppt. Wenn der
Gatte seine Frau wieder gefunden hat, muss er sie auslösen und die Zeche der
für gewöhnlich angeheiterten Brauträuber bezahlen.
3. Die Zahl der Spiele, Einlagen und Sketche, die sich dazu eignen, eine Hoch-
zeitsgesellschaft gut zu unterhalten, ist unüberschaubar. Das Baumstamm-
sägen gehört zu den ältesten Symbolen, die auf spielerische Weise demonst-
rieren sollen, dass das Paar von nun an gemeinsam – und besser zu zweit als

alleine – schwere Aufgaben im Leben bewältigt. Dazu wird ein möglichst dicker Baumstamm auf zwei Holzböcke gelegt, und die Eheleute müssen ihn im Sonntagsstaat und möglichst rasch mit einer Zugsäge gemeinsam halbieren. Sehr amüsant ist der so genannte Rollentausch. Hier muss das Paar auf die Bühne – er am besten in Frauenkleidern (auch eine Schürze genügt) und Sie in einem Anzug oder mit männlichen Kleidungsattributen. Dann soll das Paar aus dem Stegreif eine alltägliche Situation zum Besten geben, natürlich mit vertauschten Rollen. Er spielt ihre Verhaltensmuster und Reaktionen und sie die seinen. Zugegeben, nach dem »Ja«-Wort vor dem Standesbeamten und/oder Priester ist es fast schon etwas spät, lustig ist es trotzdem.

Geburtstag

Geburtstagsfeiern sind ein schöner Anlass, die philosophischen Weisheiten alter Sprichwörter unter die Leute zu bringen. Die Geehrten lassen sich meist nicht nur »Hoch leben«, sondern mitunter auch gerne ein bisschen auf die Schippe nehmen.

Zeit ist Medizin (Korea)

Nicht wenige Zeitgenossen haben jedoch auch Probleme mit dem Älterwerden. Aber wir können nichts daran ändern: Jeder Mensch wird älter, und die Zahl der hinter uns liegenden Geburtstage spiegelt die ungeschminkte Wahrheit wider. Wie viele Lenze jemand »auf dem Buckel« hat, sagt gleichwohl nicht viel über seinen wahren physiologisch-biologischen und geistig-psychischen Zustand aus. Jeder von uns kennt Mitmenschen, die bereits im zarten Lebensalter von 30 Jahren müde und ausgelaugt wirken, währenddessen mancher Greis von 80 Jahren fidel, spannungsgeladen und neugierig auf neue Länder und Menschen, um den Globus jettet.

Das Lebensalter hat mit dem gefühlten Alter häufig nichts zu tun.

Das Lebensalter ist heute deshalb mehr denn je eine relative Größe und sagt im Zeitalter von Wellness, Fitness- und Diätprogrammen, der »50-Plus«-Philosophie, Anti-Aging-Medizin und Seniorenmärkten weniger über einen Menschen aus als in früheren Zeiten.

➤ **Nur wer an die Zukunft glaubt,
   glaubt an die Gegenwart.**

Dies ist ein schönes Sprichwort aus Irland, und es enthält

eine bestechend simple Wahrheit, gegen die allzu viele Menschen verstoßen, die mit dem Älterwerden Probleme haben. Dabei ist die Einsicht wirklich einfach: Nur, wenn ich davon überzeugt bin, dass mir die Zukunft noch vieles mehr bringt – neue Eindrücke, Erlebnisse, neue und interessante Begegnungen, Neues zu lernen und zu erfahren –, dann fühle ich mich auch heute wohl, dann glaube ich auch an meine Kraft, an meine Fähigkeit, mich im Leben zu behaupten und meine Möglichkeiten auszuschöpfen. Dabei ist der Lauf der Zeit, nicht nur die Lebenszeit, sondern die Zeit an sich, der Freund der Menschen:

➤ **Die Zeit heilt Wunden,**

weiß ein deutsches Sprichwort und:

➤ **Zeit ist Medizin,**

sagt man in Korea.

Die Zeitspanne, die uns zur Verfügung steht, richtig zu nützen und aus vollen Zügen zu genießen – das ist das Wichtigste im Leben. Und auch Träume gehören dazu. So sagen die Menschen in Persien, im heutigen Iran:

➤ **Nimm dir die Zeit,**
    zu träumen,
    denn das ist der Weg zu den Sternen.

Wer wollte diese tiefe Einsicht bestreiten? Aus unserenTräumen erwachsen Ziele und Pläne, Prinzipien und Überzeugungen. Ohne sich Ziele zu setzen und darauf hin zu arbeiten, kann kein Mensch wirklich existieren.

Der Geburtstag ist für jeden Menschen ein besonderer Tag, an diesem Datum haben wir immerhin das Licht der Welt erblickt. Dabei ist die Tatsache der Geburt an sich, so urteilen die Menschen in alten Sprichwörtern, noch nichts Besonderes. Was man daraus macht – darauf kommt es an. So heißt es in England:

➤ **Geburt macht weder böse noch gut,**

und in Deutschland weiß man:

➤ **Der Geburtstag macht nicht edel.**

Ganz und gar dem »Schicksal« überlassen bleibt der Mensch, wenn man einem chinesischen Sprichwort glauben darf:

➤ **Geburt und Tod sind vorgeschrieben,**
  Reichtum und Ehre liegen bei Gott.

Trotzdem: Ein Geburtstag will und muss gefeiert werden! Und das mit Fröhlichkeit und Lachen. So heißt es in Deutschland:

➤ **Fröhlichkeit vertreibt das Leid,**

und in China sagt man:

➤ **Frohsinn ist Gesundheit,**
  Trübsinn ist Krankheit.

Jugend und Alter: Zwei Welten treffen aufeinander. Auch die größte Relativierung des Lebensalters in unserer »modernen« Zeit ändert nichts an diesem grundlegenden Unterschied. So ironisieren denn auch die Engländer:

➤ **Jugend ist eine Torheit,**
  deren Heilung das Alter ist.

Im Montenegro, einem Land, das früher zu Jugoslawien gehörte, sinnieren die Leute:

➤ **Jugend ist keine Tugend**
  und Alter keine Sünde.

Allerdings, so sagen die Engländer:

➤ **Jugend träumt,**
  Alter rechnet,

sowie:

➤ **Jugend und weißes Papier**
  nehmen alle Eindrücke auf.

Eine mahnende Weisheit gibt China mit auf den Lebensweg:

➤ **Jugend verlache kein graues Haupt,**
  denn wie lange bleibt eine Blume
  rot und frisch?

In Schweden wiederum beschreibt ein Sprichwort einen traurigen Lebenszyklus:

Aus Träumen erwachsen Ziele und Pläne, Prinzipien und Überzeugungen.

Der Geburtstag ist für jeden Menschen ein ganz besonderer Tag, der auf den Beginn seines Lebens Bezug nimmt.

➤ Jugend geht in einer Herde,
  Mannesalter in Paaren und
  das Alter allein.

Leider zeigt das Leben, dass ein deutsches Sprichwort ganz
Recht hat, wenn es sagt:

➤ Keiner so alt,
  der nicht noch ein Jahr leben will,
  und keiner so jung,
  der nicht heute sterben kann.

Schwarz schattiert ist der Humor in vielen hebräischen
Sprichwörtern. So auch in diesem:

➤ Die Jugend ernährt sich von Träumen,
  das Alter von Erinnerungen.

Daran denken besonders jüngere Geburtstagskinder – Gott
sei Dank – nicht. In Frankreich heißt es:

➤ Jugend muss austoben,

und in Russland:

➤ Jugend wild, Alter mild.

In Deutschland seufzt so mancher:

➤ Jugend und verlorene Zeit
  kommt nicht wieder in Ewigkeit,

und in Russland reift die Einsicht:

➤ Jugendlicher Verstand gleicht
  dem Eis im Frühling.

Russland ist offensichtlich ohnehin ein Land, in dem die Einsichten und Weisheiten reichlich ungeschminkt an die
nachfolgenden Generationen weitergegeben werden. Lustig
und direkt ist dieses Sprichwort zum Beispiel:

➤ Bis Dreißig Wärme von einer Frau;
  nach Dreißig Wärme vom Trunk;
  zum Schluss nicht einmal vom Ofen.

Die jungen Jahre haben viel Gutes. So weiß man in Irland:

➤ Jugend muss nicht glauben.

Ein schönes Sprichwort für ältere Geburtstagskinder – vielleicht geht es ja auf einen Mediziner zurück – kommt aus Deutschland:

➤ **Es gibt mehr alte Weintrinker**
  als alte Ärzte.

In Japan sagt man dagegen reichlich respektlos:

➤ **Bist du alt,**
  gehorche deinen Kindern,

während in China beobachtet wird:

➤ **Auch ein alter Büffel**
  hat schöne Hörner.

Sehr nahe kommen wir nun zwei deutschen Sprichwörtern, in denen das Älterwerden »auf die Hörner genommen« wird. Einmal heißt es:

➤ **Das Alter hat den Kalender im Leib,**

und zum anderen:

➤ **Alter schützt vor Torheit nicht.**

Nur für den Fall – und wirklich nur (!) für diesen Fall: Sie haben einen nahe stehenden Freund und befinden sich auf seiner ausgelassenen Geburtstagsfeier und dürfen ein etwas, na ja, sagen wir nicht ganz stubenreines Wort aus China zitieren, so heißt es:

➤ **Ein alter Mann**
  führt nicht unbedingt einen alten Pinsel.

Pardon...

Für den Fall, dass es sich bei Ihrem Freund oder Ihrer Freundin um einen, im Alter gesetzten und häuslich gewordenen Menschen handelt, empfiehlt sich ein weiteres Wort aus dem Reich der Mitte:

➤ **Eine alte Katze**
  und ein alter Hund
  denken an ihr Heim.

Was ist eine Geburtstagsfeier ohne Freunde? Freunde, die uns vielleicht ein Leben lang begleiten, gehören mit zu den wertvollsten Schätzen eines Menschen. Für eine kleine Rede

Freunde, mit denen man Geburtstag feiert, gehören zu den besonders wertvollen Schätzen eines Menschen.

zu Ehren des Geburtstagskindes empfehlen sich deshalb ganz besonders Sprichwörter zum Thema Freundschaft. Oft finden sich Freunde und lernen sich schätzen, wenn sie Gleiches erleben oder die gleichen Ansichten teilen. In Deutschland sagt man:

➤ Gleich und gleich gesellt sich gern,

oder auch:

➤ Gleich und gleich findet einander.

Auch in der Türkei sind die Menschen dieser Überzeugung:

➤ Seele und Seele sind Weggenossen,

oder auch:

➤ Gleich und gleich
gibt die beste Freundschaft.

Ein passender, und metaphorisch sehr gelungener, Einstieg in den Zusammenhang zwischen Freundschaft und Geburtstag ist auch ein weises Sprichwort aus dem baltischen Estland:

➤ Freundschaft altert nicht,

und im Weinland Frankreich weiß man nur zu gut:

➤ Alte Wahrheiten,
alte Gesetze,
alte Freunde,
ein altes Buch
und alter Wein
sind das Beste,

oder auch:

➤ Alter Freund gleicht altem Wein:
Je älter, desto besser,

sowie in Polen:

➤ Freundschaft ist wie Wein –
je älter, desto besser.

Wiederum in Estland gratulieren die Leute einem Geburtstagskind auch mit dem Sprichwort:

➤ Freundschaft ist größer als alles andere,

Für einen Geburtstag eignen sich ganz besonders Sprichwörter zum Thema »Freundschaft«.

und in den Niederlanden heißt es:

➤ **Freundschaft tut mehr Not als Wasser und Brot.**

Die Franzosen betonen den Unterschied zwischen Freundschaft und Liebe. Sie sagen:

➤ **Freundschaft ist Liebe ohne Flügel,**

oder:

➤ **Freundschaft macht mehr glückliche Familien als Liebe,**

und ebenso:

➤ **Freundschaft ist verschwenderisch,**
   aber Liebe ist geizig.

Ein hebräisches Wort sagt es hart:

➤ **Freundschaft vertraut das Geheimnis an,**
   Liebe verrät es.

Wo sollte es herkommen, wenn nicht aus England – ein
Sprichwort, das den Nagel in aller »Coolness« auf den Kopf
trifft:

➤ **Friendship is the perfection of love –**
   Freundschaft ist die Perfektion der Liebe
   (oder freier übersetzt: Freundschaft ist
   Liebe mit Verstand).

Viel Lebenserfahrung schwingt in einem koreanischen
Sprichwort mit, das sagt:

➤ **Bei Kleidern sind die neuen Sachen am besten,**
   bei Menschen die alten Freunde.

In Litauen heißt es:

➤ **Ein alter Freund ist wie ein Haken in der Wand,**

und in Estland lapidar:

➤ **Ein alter Freund ist ein guter Freund.**

Wie hilfreich ein alter Freund in allen Lebenslagen sein
kann, auch das wissen die Esten. Einmal sagen sie:

➤ **Freundes Schläge sind besser als Feindes Küsse,**

dann:

➤ **Freundes Schläge sind liebe Schläge,**

und deshalb ziehen die Esten daraus das Fazit:

➤ **Freundschaft ist des Lebens Salz.**

Die Freundschaft zu anderen Menschen muss jedoch auch gepflegt werden. Man muss dafür etwas tun. So betont ein englisches Sprichwort:

➤ **Freundschaft ist eine Pflanze,**
   die man oft begießen muss,

und die alten Lateiner wussten schon:

➤ **Freundschaft sucht man lange,**
   findet man nur mit Mühe,
   bewahrt man schwer.

Daher sinnieren auch zwei deutsche Wörter:

➤ **Schweigen verdirbt Freundschaft,**

und:

➤ **Freundschaft ist bald gemacht,**
   es ist die Kunst, dieselbe zu erhalten.

Besonders unter Freunden gilt es, sich zu vertrauen, denn, so wissen die Franzosen:

➤ **Freundschaft, die nicht traut,**
   ist auf Sand gebaut.

Dabei ist gute Freundschaft ein unsichtbares Band zwischen den Menschen und muss nicht penetrant beweihräuchert werden. In Indien sagt man in diesem Zusammenhang treffend:

➤ **Freundschaft,**
   die zur Schau gestellt wird,
   wirkt unangenehm.

Man sollte recherchie-ren, was sich im Geburts-jahr des Geburtstags-kindes so alles ereignet hat.

Einen Tropfen Wasser in den Wein allzu leutseliger Freundschaftsgläubigkeit geben die Serben:

➤ **Glaube an Freunde nicht bei Tisch,**
   sondern an der Gefängnistür.

Wehe, wenn eine Freundschaft aufgelöst wird und sich verliert. In Uganda weiß man:

➤ **Freundschaft ist wie**
   eines Schneiders Saum:

Das Auseinandernehmen ist es,
was Schwierigkeiten bereitet.

Deshalb weiß man in Frankreich auch:

➤ Freundschaft ist Brot,
das nur so lange schmeckt,
als es frisch ist,

und in Russland sagen die Leute:

➤ Freundschaft ist ein feines Glas,
das nicht auf die heiße Herdplatte
gesetzt werden sollte.

Mit anderen Worten:
Freundschaft hält viel aus, und wenn es sich um eine gute
und feste Freundschaft handelt, ist diese Beziehung auch
durchaus belastbar. Doch – wie überall und immer im Leben –
ist irgendwo eine Grenze erreicht.

Die Gestaltung einer Geburtstagsfeier

Gedankliche Bausteine

Der Lauf der Zeit
Geburt
Jugend und Alter
Jüngere Geburtstagskinder
Ältere Geburtstagskinder
Freundschaft

Tipps zur Gestaltung einer Geburtstagsfeier

1. Natürlich orientiert sich ein Geburtstagsfest besonders am Alter des Jubilars:
Es kann eine gesetzte Feier mit Speis und Trank vom Feinsten sein oder eine ausgelassene Party, auf der das Tanzbein geschwungen wird. Wenn Sie im »Organi-

sationskomitee« einer solchen Veranstaltung sind, sorgt es immer für ein großes Hallo unter den Gästen, wenn Sie eine/n Freund/in als Überraschungsgast des Jubilars präsentieren können. Gibt es einen Menschen, mit dem das Geburtstagskind eine besondere Verbindung hat oder hatte?

2. Darüber hinaus können Sie recherchieren, was sich im Geburtsjahr des oder der Betreffenden ereignet hat. Wälzen Sie Zeitchroniken und stöbern Sie in alten Archiven! Das macht Spaß und bringt dem Geburtstagskind viel Freude.

3. Sehr anspruchsvoll kann es sein und auf das große Interesse des Jubilars und seiner Gäste kann es stoßen, wenn es gelingt, Tageszeitungen aus dem Geburtsjahr des Geehrten oder gar vom Tag der Geburt zu finden. Welche Nachrichten waren damals zu lesen? Welche politischen oder gesellschaftlichen, sportlichen und kulturellen Ereignisse beschäftigten die Zeitgenossen? Was wurde in den Kleinanzeigen von »Lieschen Müller« und »Otto Normalverbraucher« angepriesen? Ziehen Sie Parallelen zwischen »Damals« und »Heute« und geben Sie Ihre Assoziationen zum Geburtstagskind zum Besten!

Ein Beispiel: Im Geburtsjahr des Jubilars fand eine Schachweltmeisterschaft statt. Sie wissen, dass das Geburtstagskind ein leidenschaftlicher Hobbyschachspieler ist. »Trotzdem«, so sagen Sie, »haben wir noch nichts über dich in den Westfälischen Nachrichten gelesen. Wahrscheinlich warst du in den vergangenen fünf Jahrzehnten einfach zu sehr mit deinem Beruf und deiner Karriere beschäftigt ...«

Aufbau einer Rede zum Geburtstag

Ein Geburtstag ist, besonders für ältere Menschen, immer auch eine Reise in die Vergangenheit. Was hat man schon alles erlebt, Positives wie Negatives, was hat man schon alles gesehen? Und gerade runde Geburtstage, die Dreißiger, Vierziger, Fünfziger, Sechziger etc., fordern dazu heraus, Rückschau zu halten. Eines darf der Redner dabei jedoch nicht vergessen, im Gegenteil: Das, was noch vor dem Geburtstagskind liegt, ist das Wichtigste! Eine Geburtstagsfeier ist schließlich keine traurige Angelegenheit, sondern ein Anlass zu feiern.

1. Vermeiden Sie es deshalb, allzu behäbig und melancholisch daherzukommen. Setzen Sie bei älteren Menschen, die ihren Ehrentag begehen, ihr Lebensalter vielmehr in Beziehung zur heutigen Zeit. Vielen Senioren, besonders in Deutschland, steht die Welt offen. Sie reisen, entdecken Neues und haben oft die Gelegenheit dazu, in fortgeschrittenem Alter Dinge zu tun, die sie in ihrer Jugend nicht erleben konnten.

2. Wenn Sie Ihrer Geburtstagsansprache eine sehr persönliche Note verleihen möchten – dazu ist immer zu raten –, recherchieren Sie doch, welche populären Zeitgenossen aus dem gesellschaftlichen Leben, aus Kunst und Politik, aus Musik und Literatur, aus dem Sport oder der Popkultur usw. im selben Jahr geboren wurden und spielen Sie reichlich mit Assoziationen.

3. Je nachdem, wie gut Sie das Geburtstagskind kennen: Was wissen Sie von seinen Zukunftsplänen, was wird ihm Freude bereiten und wozu können Sie ihm Glück wünschen?

Muttertag

Das in früheren Zeiten sehr romantisierte Bild von der Mutter hat sich in den vergangenen Jahrzehnten durch die Zunahme geschiedener Ehen und verschiedener Formen des partnerschaftlichen Zusammenlebens radikal verändert.

Über Mutterliebe geht keine Liebe der Welt (Estland)

Dazu kommt die immer größer werdende Zahl an allein erziehenden getrennten und geschiedenen Ehefrauen. Noch in den 50er- und frühen 60er-Jahren des vergangenen Jahrhunderts war die Mutter die Ikone des deutschen Heimatfilms. Die Mutter als Kitschobjekt: ein Resultat religiöser Überzeugungen im weit verbreiteten katholischen Marienglauben, der deutschen Sehnsucht nach Herzenswärme und familiärer Geborgenheit nach der eben erst überstandenen Katastrophe des verlorenen Krieges und – leider auch – eine Folge der übersteigerten Stilisierung der Mutterrolle in der nationalsozialistischen Propaganda. Heute hingegen ist »Mutter« sehr oft eine geniale Mischung aus einem organisatorischen Multitalent, das Beruf, Haushalt und Kindererziehung zugleich meistert, und einer psycho-sozialen Anlaufstelle für die Probleme von Kindern und Lebenspartnern.

»Mama«: Das ist auch in unserer Zeit noch etwas ganz Besonderes!

»Mama«: Das ist trotzdem auch immer noch etwas Besonderes, und vielen bei ihren sozialen Kontakten ansonsten distanzierten Menschen geht das Leben ihrer Mutter ans Herz.

Auch die Kommerzialisierung des Ehrentags der Mutter hat daran nichts geändert.

Die Liebe einer Mutter zu ihrem Kind nimmt einen ganz besonderen Platz unter der Vielzahl menschlicher Emotionen ein. Offensichtlich ist sie radikaler, konsequenter und entschlossener in ihrer Herzenswärme und Beständigkeit als andere zwischenmenschliche Gefühle. So sagt man in Estland:

➤ **Über Mutterliebe geht keine Liebe der Welt,**

und in der Türkei:

➤ **Die Liebe der Mutter zu ihren Kindern**
   ist eine Brücke zu allem Guten:
   im Leben und in der Ewigkeit.

In diesem weisen Wort vom Bosporus steckt die Einsicht, dass die Mutter durch ihre Liebe den Kindern ihr Rüstzeug fürs Leben mitgibt. Fühlte sich ein Kind nicht geborgen und von seiner Mutter nicht geliebt, hat es nicht selten auch Schwierigkeiten in seinem Leben. Deshalb sagt man in Jamaika:

➤ **Jeder Fluss strömt zu seiner Mutter.**

Und in Deutschland heißt es dazu:

➤ **Was der Mutter ans Herz geht, das geht dem Vater nur**
   an die Knie.

Dieses, bereits im Kapitel »Geburt und Taufe« zitierte Sprichwort beschreibt den für gewöhnlich bestehenden Unterschied zwischen der Liebe eines Vaters zu seinen Kindern und der aufopferungsvollen Liebe einer Mutter. Mama kann sich eben sehr viel besser einfühlen als Papa. Trotzdem sollen beide Eltern in Ehren gehalten werden, wie der deutsche Volksmund mahnt:

➤ **Des Vaters Segen baut das Haus,**
   der Mutter Sorge füllt es aus;
   wie, Kinder, ihr die Eltern ehrt,
   so wird auch euch das Los beschert.

Die Mutter gibt den Kindern durch ihre Liebe das Rüstzeug fürs Leben mit.

Ebenso im Kapitel »Geburt und Taufe« bereits angeführt ist ein tiefgründiges Sprichwort aus Polen, das den Unterschied zwischen der Liebe einer Mutter zu anderen Gefühlen deutlich herausstellt:

➤ **Die größte Liebe ist Mutterliebe,**
  dann die Liebe eines Hundes, und danach die einer
  Geliebten.

Über das Phänomen Mutterliebe urteilen die Perser:

➤ **Der Himmel**
  ist zu den Füßen der Mutter,

und in Frankreich sagt man:

➤ **Die Liebe einer Mutter ist**
  immer in ihrem Frühling.

So verlautet es auch in gereimter Form aus Deutschland:

➤ **Muttertreu**
  ist täglich neu.

In Russland hingegen, einem Land mit großen Gefühlen und weitem Herzen heißt es:

➤ **Mütterliche Güte –**
  ein uferloses Meer,
  unendliche Tiefe.

Mütter und Töchter bilden ein ganz besonderes Verhältnis. Zwischen tief empfundener Liebe, der durchaus kritischen Begleitung der Tochter von Seiten der Mutter, über Konkurrenzdenken bis hin zu offener Eifersucht – alles ist möglich. Eventuell spielt hierbei eine Rolle, dass »die Mutter« nicht will, dass ihre Tochter so wird, wie sie selbst. Offensichtlich ist dieses Bemühen aber aussichtslos, denn im Alten Testament (Ezechiel, 16, 44) heißt es lapidar:

➤ **Wie die Mutter, so die Tochter.**

Ein deutsches Sprichwort drückt denselben Sachverhalt aus:

➤ **Wie der Baum,**
  so die Birne;

wie die Mutter,
so die Dirne.

Wohlgemerkt und aufgepasst: »Dirne« meint in diesem Zusammenhang nicht die Dame, die im ältesten Gewerbe der Welt tätig ist, sondern die Tochter. In Bayern sagt man zu einem jungen Mädchen »Dirndl«.

Mütter und Söhne haben nicht selten eben-falls ein ganz spezielles, und zwar ein ganz besonders inniges Verhältnis. Nicht nur in Italien ist die »Mama«, die ihren Jungen meist gewaltig verhätschelt und ihm manchmal noch bis ins Mannesalter hinein die Kleidung wäscht, die wirkliche Ikone des Mannes. Dies galt auch für den niederländischen Knaben Heintje, des-sen süße Stimme und seine Interpretation des rührenden Liedchens »Mama« zu Beginn der 70er-Jahre die Mütter Europas und darüber hinaus verzauberte. In Portugal weiß man:

Die Erziehungsleistung der Mutter muss geehrt werden.

➤ **Die Liebe einer Mutter zu ihrem Sohn**
   ist die reichste Liebe einer Frau
   zu einem Mann.

Die Erziehungsleistung der Mutter ist für die Entwick-lung ihrer Kinder von größter Bedeutung. Hierzu gibt es zwei Sprichwörter – beide stammen aus Deutschland – die leicht ironisierend ins Spiel gebracht werden könnten. Das eine heißt:

➤ **Barmherzige Mütter**
   zieh'n grindige Töchter,

und das andere:

➤ **Tüchtige Mütter**
   erziehen träge Töchter.

Also Vorsicht: Mutterliebe, die all zu sehr verhätschelt (wie die Söhne in Italien), kann auch zu unerwünschten Ergeb-nissen führen. »Grindige« Töchter sind übrigens Mädchen mit schlechter Haut und Schorf auf den Wangen, die infolge von zuviel Rücksichtnahme der Mutter nicht gesund und fit genug sind, das Leben selbst zu meistern.

Kommen wir noch einmal zum Verhältnis der Männer zu Müttern und Frauen im Allgemeinen zurück. Meint das folgende deutsche Sprichwort Rabenväter oder etwa galante Herren, wenn es sagt:

➤ **Man küsst das Kind oft**
   um der Mutter willen.

In Deutschland gibt es ein sehr schönes und viel sagendes Sprichwort über die Beziehung des Kindes zu seinen Eltern. Auch in unseren modernen Zeiten – wer möchte das verneinen? – sind die Gefühle für Vater und Mutter in der Regel durchaus von unterschiedlicher Qualität und Tiefe. Ja, ja, das geschlechterspezifische Rollenverhalten ... Hierzulande haben die Leute diesen Unterschied jedenfalls in der Metapher festgehalten:

➤ **Dein Vater' Haus**
   ist Pflicht;
   Dein Mutter' Haus
   ist Heimat.

In England hingegen, im Land der frühen industriellen Revolution und des entstehenden Kapitalismus, pflegte man wohl auch menschliche Beziehungen in Pfund und Sterling zu messen – bis auf die Mutterschaft. Dort heißt es jedenfalls:

➤ **Mutter –**
   und achte nicht auf Zeit
   und Geld.

Deshalb verwundert es nicht, wenn die Leute auf der großen Insel ebenso sagen:

➤ **Deine Mutter**
   hat immer Recht.

Klar, niemand kennt den Sohn oder die Tochter so gut wie

die eigene Mutter. Niemand außer der Mutter hat schon in der Zeit der Schwangerschaft bemerkt, ob es sich um ein temperamentvolles oder ruhiges Kind handelt, das auf die Welt drängt. Der Rat der Mutter in allen Lebenslagen hat daher einen ganz eigenen und mit nichts vergleichbaren Wert.

Auch heute noch unterscheiden sich die Gefühle der Eltern für ihre Kinder oftmals.

Und deshalb soll der Mensch, und ganz besonders der Mann, das Andenken an seine Mutter ehren, denn – so sagt man in Kurdistan (doch das gilt wohl auch für andere Regionen dieser Erde) –:

➤ **Die Mutter**
 ist ganz dein;
 eine Frau
 gehört jedoch niemals
 gänzlich zu dem,
 der sie nimmt.

Die Gestaltung einer Muttertagsfeier

Gedankliche Bausteine

Mutterliebe
Mütter und Töchter
Mütter und Söhne
Erziehung
Männer und Mütter

Tipps zur Gestaltung des Muttertags

1. Leben noch mehrere Generationen unter einem Dach oder in erreichbarer Nähe, ist es in manchen Teilen Europas der Brauch, dass nicht nur die junge

Mutter, sondern auch alle anderen Mütter und Schwiegermütter der Familie gemeinsam geehrt werden. So entsteht ein stilvolles und großes Familienfest.

2. Die meisten Familien in Deutschland begehen den Muttertag, der auf einen Maisonntag fällt, im engeren Kreis. Dazu entlasten die Kinder die Mutter von der Hausarbeit. Zumindest decken sie den Frühstückstisch festlich, sagen Verse (und Sprichwörter!) auf und überreichen der Mutter Blumen und kleine Basteleien.

3. Während die Väter an ihrem Tag, dem so genannten »Vatertag«, zumal in ländlichen Gegenden in Ruhe gelassen werden und mit Freunden und Bekannten über die Dörfer ziehen wollen, können sich Mütter vielerorts auf etwas Besonderes freuen und auf die tätige Mithilfe ihrer Ehemänner bei der Gestaltung des Muttertags freuen. So lassen sie sich zum Beispiel gerne von einem schönen und gemeinsamen Mittagessen in einem guten Restaurant (mit den Kindern) oder von einem Besuch in der Oper oder im Theater (ohne die Kinder) überraschen.

4. Es soll Väter (und Ehemänner) geben, für die der Muttertag wirklich etwas Besonders ist. Sie lassen Muttertage »zusammenkommen« und ehren die multifunktionale Leistung ihrer Frau bei der Erziehung und Betreuung der Kinder, der Arbeit in Haushalt und Familie sowie als Anlaufstation für allerlei Probleme und Problemchen mit einer ausgedehnten Urlaubsreise. Als Startpunkt dieses Ereignisses wird der Muttertag zu einer ganz besonderen Erfahrung!

Aufbau einer Rede zum Muttertag

1. Wer spricht bei einer Feier des Muttertags? Im Regelfall ein Kind – mit Unterstützung von Vater, (älteren) Geschwistern oder der Schule. Sind die Kinder noch klein, werden Verse einstudiert, Blumen überreicht, und die Mutter erhält einen herzlichen Kuss. Eines der anrührenden – oder auch mehrere – Sprichwörter zur Mutterliebe, eignen sich hervorragend.

2. Auch Erwachsene halten den Muttertag in Ehren. Dazu kann man natürlich etwas philosophischer werden und ein sehr treffendes jüdisches Sprichwort zitieren:

➤ Eine Mutter versteht auch, was ein Kind nicht ausspricht.

3. In manchen Familien ist der Muttertag mit der Tradition verbunden, dass der Ehemann bzw. Lebenspartner die Rolle seiner Frau als Mutter würdigt und sich für die Geburt der Kinder bedankt. Dies ist in manchen Ländern Südeuropas üblich. Bei dieser Gelegenheit kann der Vater eine Rede halten, die an die Zeit der Schwangerschaft und an die Mühen der Geburt erinnert und seiner Frau gemeinsam mit den Kindern Anerkennung und Respekt erweisen. Dies ist – in ernst gemeinter Form – sehr viel mehr als eine bloße Gratulation zum Muttertag. Natürlich kann in einer Zeit, in der allein erziehende Mütter und die so genannten dinks (double income no kids – Doppelverdiener ohne Kinder) besonders die Großstädte in Deutschland bevölkern und »normale« Familien mit Vater und Mutter eher die Ausnahme als die Regel sind, eine Lobrede auf die Mutterrolle mitunter auch komisch oder aufgesetzt wirken. Man kann schnell bieder oder spießig wirken. Doch warum sollte entweder das Kind oder der Lebenspartner nicht doch einmal die so genannte Familienarbeit, die von der Mutter geleistet wird, in den Mittelpunkt einer Rede stellen? Das, was von den anderen Familienmitgliedern schlichtweg als selbstverständlich vorausgesetzt wird, und das mit dem morgendlichen Wecken beginnt und sich über die Zubereitung des Frühstücks, dem Waschen und Bügeln schmutziger Wäsche bis zum Reinemachen der Wohnung erstreckt, ist eben nicht selbstverständlich, sondern aufwendige Arbeit. Dabei ist noch kein Wort über die Rolle der Mutter als Trostspenderin, Freundin und Vertraute, deren Verständnis für alle und alles als ebenso selbstverständlich vorausgesetzt wird, verloren. Deshalb: Anerkennung tut gut!

Beruf, Arbeit und Erfolg

Zu den Themenbereichen Beruf, Arbeit und Erfolg gibt es eine Vielzahl von Sprichwörtern. Kein Wunder, denn die berufliche Tätigkeit macht einen großen Teil des Lebens aus und bestimmt das Prestige eines Menschen ganz wesentlich.

Um aus einem stumpfen Beil eine Nadel zu machen, braucht es nichts weiteres als Arbeit (China)

Mag es uns gefallen oder nicht: Ansehen hat eben immer mit Macht, Einfluss, Geld und Verbindungen zu tun. Und dies alles ist meist eine Folge der Arbeit. Anlässe für eine Rede oder einen kleinen Festvortrag gibt es auf diesem Gebiet genau so viele. So begehen etwa Mitarbeiter und Kollegen ein Dienstjubiläum, der erfolgreiche Abschluss eines wichtigen Projekts in der Firma kann gefeiert werden, die eigenen Kinder haben nach Lehre oder Studium die erste feste Arbeitsstelle ergattert oder ein Freund/Verwandter hat soeben einen Vertrag für einen aussichtsreichen Job unterschrieben. Im Bereich »Beruf und Ansehen« drängt sich ein sehr bekanntes Sprichwort aus Deutschland auf:

Was man sich mit eigener Hände Arbeit erwirtschaftet hat, verdient den Respekt der Anderen.

➤ Gibt Gott den Verstand,
   so gibt er auch das Amt.

Die Umkehrung dieser Aussage ist auch recht gebräuchlich:

➤ Gibt Gott ein Amt,
   so gibt er auch Verstand.

Ist das wirklich immer so? Na ja, lieber zum nächsten
Sprichwort, in dem sich der Stolz der Bürger im vorrevoluti-
onären Deutschland gegenüber dem Adelsstand ausdrückte.
Der Bürger mit einem ehrbaren Beruf hat sich seine Stellung
nämlich mit eigener Hände Arbeit geschaffen, dem Adel
hingegen ist qua Geburt so ziemlich alles in den Schoß gefallen. Deshalb hieß es damals:

➤ Berufsstand geht über Geburtsstand.

Doch weder adelige Abstammung noch bürgerlich-ehr-
bare Arbeit öffnen die Himmelspforte. Und so sagte man
ebenso:

➤ Beruf und Gaben,
   auch viel gearbeitet haben,
   hat nie keinen zur Seligkeit erhoben.

Alle Achtung! Im Bereich »Lohn der Arbeit« gibt es Sprichwörter wie Sand am Meer. Besonders viele dieser klugen
Einsichten und Aussagen haben die Deutschen in feststehende Worte gefasst. Im Land der Strebsamkeit, Sorgfalt
und Gründlichkeit ist dies nicht verwunderlich. Zudem
können wir an diesem Umstand sehen, wie erfolgreich sich
die protestantische Ethik der Arbeit, die der Soziologe Max
Weber im vergangenen Jahrhundert beschrieben hat, gerade
in Deutschland ausgebreitet hatte. In ihrem Kerngedanken
geht die protestantische Ethik der Arbeit davon aus, dass
es nur die Arbeit ist, die den Menschen Gott nahe bringt.
Arbeit und Mühe sind daher der eigentliche Sinn des Lebens, und nach Höherem zu streben bedeutet, ganz handfest
und materialistisch, über den persönlichen Bedarf für den
Lebensunterhalt hinaus Gut und Geld zu sammeln. Arbeit
ist also gottgefällig, da sie uns Gott nahe bringt. Doch dazu
mehr an späterer Stelle.

Die überwiegende Zahl der Sprichwörter zum Thema »Be-

Sprichwörter
aus Deutsch-
land zum
Thema
»Arbeit und
Erfolg« gibt
es wie Sand
am Meer.

ruf und Arbeit« stammt übrigens, wie sollte es überraschen, aus den protestantischen Gegenden Deutschlands, also Nord-, Mittel- und Ostdeutschland sowie aus dem nordbayerischen – und protestantischen – Franken. Viele Sprichwörter sind auch englischer Herkunft, dem Land des Calvinismus, der englischen Spielart der Reformation, und einige stammen aus den ebenso protestantischen Niederlanden. So sagt man im Fränkischen:

➤ **Um Arbeit und Mühe**
   gibt Gott Haus, Hof und Kühe.

Ferner wissen die Leute:

➤ **Arbeiten macht den Reichtum**
   und der Webstuhl baut das Vorratshaus.

In England heißt es:

➤ **Arbeiten ist der beste Brautschatz,**

oder:

➤ **Arbeiten und Sparen machen zusehends reich,**

oder:

➤ **Arbeitsschweiß an Händen hat mehr Ehre**
   als ein goldener Ring am Finger,

und:

Ansehen hat
auch in der
heutigen Zeit
vor allem mit
Geld, Ein-
fluss, guten
Beziehungen
und Macht
zu tun.

➤ **Arbeitsamkeit ist die Mutter des Glücks.**

In Deutschland heißt es:

➤ **Arbeit rettet vor drei Übeln –**
   vor Langeweil', Laster und Bettelstab,

sowie:

➤ **Arbeit pflanzt Rosen auf die Wangen,**

und:

➤ **Arbeit übt die Hand und schärft den Verstand.**

In den Niederlanden ist man wiederum überzeugt:

➤ **Geld versüßt die Arbeit.**

Doch dafür muss geschafft werden. Und so wissen die Leute in den USA:

➤ **Geld wächst nicht an Bäumen,**

und zitieren auch das neuzeitliche und sehr hübsche Sprichwort:

➤ **Geld verschafft sogar Eiscreme in der Hölle.**

In Österreich mit seiner tief katholischen Tradition hingegen betrachtet man die Notwendigkeit der Arbeit nicht gerade mit Euphorie, warnt jedoch vor den negativen Folgen
des Müßiggangs:

➤ **Arbeiten bringt Brot,**
   Faulenzen Hungersnot,

und so auch in den Niederlanden:

➤ **Arbeiten und Lenzen**
   haben ihre Grenzen.

Die freie Wahl zwischen Arbeit und Faulenzerei gibt es in
Wirklichkeit sowieso nicht, weil der Mensch eben essen
muss. Und so heißt es in Österreich:

➤ **Arbeitest du mich nicht,**
   so arbeite ich dich,
   sagte der Acker zum Bauer.

Ein schönes Bild: Wenn der Bauer nicht den richtigen Elan
zur Ackerarbeit mitbringt und seine Aufgabe nicht positiv
sieht, dann wird ihm die Bearbeitung des Bodens zur Fron.
In Estland ringt man mit der Mühe der Arbeit, sieht aber
ihren Lohn und fürchtet die Folgen der »Faulenzerei«. Darum sagt man:

➤ **Arbeit schändet niemand,**
   Faulheit tadelt jeden Mann,

und:

➤ **Arbeit tötet nicht,**
   Kummer tötet,

oder:

➤ **Tüchtigkeit kommt nicht ohne Arbeit,**
   Geschicklichkeit nicht ohne Sorgfalt,

und auch:

➤ Arbeite mit Schweiß,

   dann isst du dein Brot mit Appetit.

Das sollten schon die Kleinen von früh auf lernen. Dazu gibt es in Deutschland das Wort:

➤ Arbeit, Zwang und Lehr,

   bringen Kindern Nutz' und Ehr'.

Ja, ob Sie es glauben oder nicht und entgegen jeglichen Vorurteils – auch romanischen Völkern kann Arbeiten Spaß machen (wenn es nicht zuviel wird). So sagt man in Frankreich:

➤ Arbeit, die Freude macht,

   ist schon zur Hälfte getan.

In Panama gibt es das trostvolle Wort für alle Arbeitsscheuen:

➤ Arbeiten im Lande ist besser

   als in der Wüste zu beten,

und in Albanien rät der Volksmund:

➤ Arbeite wie ein Sklave

   und speise wie ein Herr.

Die Libanesen hingegen appellieren an das Ehrgefühl und empfehlen deshalb:

➤ Arbeite an Sonn- und Feiertagen

   statt deinen Bruder um Almosen zu bitten.

Wer gut arbeitet, hat zu essen. Und so heißt es in Finnland:

➤ Arbeit macht Appetit, sagte,

   den Hammer schwingend,

   der Schmied.

In Norwegen sagt man:

➤ Arbeit macht aus Steinen Brot.

In der Überlieferung des afrikanischen Volks der Haussa findet sich ein treffendes Sprichwort, das Zweck und Frucht der Arbeit beleuchtet:

➤ Beobachtung bringt die Ferne nicht nahe.

Man muss also schon hingehen, um zu sehen, das heißt:

Der Mensch muss etwas dafür tun, um ein Ergebnis zu erreichen.

»Maß halten«: Das ist das Lebensmotto und der Rat vieler in Würde alt gewordener Menschen, die dem Genuss nicht abhold waren und sind, stets aber die gesunde Mitte zwischen Schwelgerei und Verzicht *Die meisten Sprichwörter zum Thema »Arbeit« sind in der protestantischen Ethik verwurzelt.* gefunden haben. Diesen Zeitgenossen zergeht das schöne englische Sprichwort:

➤ **Es gibt mehr alte Weintrinker**
 als alte Ärzte,

auf der Zunge. Doch auch zum Thema Arbeit mit Maß und Ziel haben sie einiges zu sagen. So wissen die Tschechen:

➤ **Übereilte Arbeit hat selten viel Wert,**

und in Estland sagt man:

➤ **Übermaß tut nie Gutes.**

Die Chinesen raten – wie immer mit Tiefgang – zu einer gesunden Einteilung des (Arbeits-) Tages:

➤ **Arbeite mit der aufsteigenden,**
 ruhe mit der sinkenden Sonne.

Arbeiten ist, zumindest nach der protestantischen Auffassung, ein Segen und gottgewollt. Der arbeitende Mensch gefällt Gott. Deshalb sagt man in Deutschland:

➤ **Gott hilft dem Arbeitsamen.**

Die Russen sagen:

➤ **Gott hat kein Ohr für die Faulen,**

und auch in Dänemark weiß man:

➤ **Gott segnet die Hand,**
 die arbeitet.

Auch in katholischen Gegenden wird gewerkelt. So sagt man in Spanien:

➤ **Gott hilft dem,**
 der früh Hand anlegt,

und die Portugiesen meinen:

Ein Thema zahlreicher Sprichwörter über die Arbeit ist das Verhältnis zwischen Plackerei und Müßiggang.

➤ **Gott hilft denen, die arbeiten.**

Zum Schmunzeln provoziert das, metaphorisch gedeutete, Sprichwort aus England:

➤ **Gott verspricht eine sichere Landung,**
  aber keine ruhige Reise.

Gott holt uns heim, das ist klar. Zuvor jedoch erwartet uns ein arbeitsreiches (und unsicheres) Leben. Und so heißt es auch in Spanien:

➤ **Gott sorgt,**
  wir aber sollen arbeiten.

Gott als Händler, der für schwere Arbeit eine Gegenleistung bietet. So sehen es Niederländer und Ukrainer. Das Selbstverständnis der holländischen Seefahrer und Welteroberer spricht wohl aus diesem Wort:

➤ **Gott verkauft Wissen für Arbeit**
  und Ehre für Wagemut,

und ein großes Maß an Schicksalsergebenheit scheint auf, wenn man in der Ukraine sagt:

➤ **Gott verkauft Weisheit**
  für Arbeit und Leiden.

Positives gewinnen die Esten der Arbeit ab, wenn sie wissen:

➤ **Schwere Arbeit und Gesundheit sind immer Freunde,**

und im selbstbeherrschten England weiß man um einen weiteren Vorzug der Arbeit:

➤ **Schwere Arbeit vertreibt die Liebesgedanken.**

Die jeweilige Einstellung zur Arbeit ist jedoch nicht nur religiös oder finanziell motiviert. Arbeit als Wert an sich: So sehen es viele Nationen. In Estland fordern die Menschen:

➤ **Arbeite –**
  du weißt, Arbeit ist Leben,

oder:

➤ **Arbeite, solange du lebst.**

Bei der Situation der deutschen Rentenkassen könnte dieses Sprichwort bald auch hierzulande ein geflügeltes Wort werden. Mit Arbeit lässt sich Vieles erreichen, Unnützes kann in Nützliches umgewandelt werden. Und wenn die Arbeit dem Menschen ein Wert an sich ist, wenn er gerne arbeitet und damit ein Ziel verbindet, ist der Einsatz nicht hoch. Deshalb meinen die Chinesen:

➤ **Um aus einem stumpfen Beil**
 eine Nadel zu machen,
 braucht es nichts Weiteres
 als Arbeit.

Trotz aller Überzeugung, dass Arbeit notwendig, nutzbringend, sinnstiftend und süß ist – Müßiggang und Faulenzerei sind ebenso süß. Sprichwörter über die Arbeit, die das Verhältnis zwischen Tätigkeit und Nichtstun zum Inhalt haben, sind nicht nur normativ und moralisch appellativ, sondern mitunter sehr ironisch und humorvoll. So weiß man beispielsweise in Bolivien:

➤ **Arbeit ist kein Übel,**
 aber die Augen sind die Feiglinge.

Ein gutes Lebensmotto favorisiert Bulgarien. Dort gilt Nachdenken als Form von Arbeit – offensichtlich ist die Philosophie gemeint. Es heißt:

➤ **Arbeite,**
 als ob du hundert Jahre
 leben würdest;
 denke,
 als ob du morgen stürbest.

Doch es ist einer jiddischen Spruchweisheit vorbehalten, den Nagel auf den Kopf zu treffen:

➤ **Gratis bekommt man**
 nur das Ungeziefer.

Und weil das so ist, dass man nur das Ungeziefer umsonst bekommt, ist es gut, Erfolg zu haben. Umso besser, wenn man Probleme lösen konnte und Schwierigkeiten aus dem Weg geräumt hat. Dazu sagen die Japaner:

Sprichwörter über die Arbeit sollten den Stolz auf das Geleistete hervorheben und verstärken.

➤ **Schwierigkeiten machen ein Juwel aus dir.**
Gleichwohl sollte Erfolg nicht zum Selbstzweck werden –
und vor allem nicht zu Kopf steigen. In den Niederlanden
heißt es deshalb:
➤ **Erfolg ändert alles Benehmen.**
Schlecht wäre es vor allem, die Anderen, die eventuell nicht
unbeteiligt am Erfolg waren, völlig zu vergessen.
In China fragt man:
➤ **Gibt es denn eine Welle,**
   die für sich allein im Weltmeer ist?

Die Gestaltung einer Beförderungsfeier

Gedankliche Bausteine

Beruf und Ansehen
Lohn der Arbeit: Prestige und Geld
Arbeit mit Maß und Ziel
Arbeit ist gottgewollt
Arbeit ist ein Wert an sich
Ironie und Humor

Tipps zur Gestaltung einer Feier

1. Wenn jemand etwas geleistet hat, kann er stolz darauf sein. Dies gilt auch für einen jungen Menschen, der es nach seiner Ausbildung geschafft hat, einen befristeten oder sogar unbefristeten Vertrag für seine erste feste Anstellung zu erhalten.
2. Es ist schön und motivierend zugleich, an die erfolgreich absolvierten Stationen zu erinnern. Daher bietet sich an, Schulzeit, Lehre und/oder die Ausbildung an einer weiter führenden Schule oder Universität und die damit verbundene Qualifikation Revue passieren zu lassen. Vielleicht lässt sich als Überraschungs-

gast dazu ein dem ehemaligen Schüler freundschaftlich besonders verbundener Lehrer oder Ausbilder gewinnen.

3. Als Geschenk könnte ein mit dem jeweiligen Beruf oder Fachbereich verbundenes Symbol viel Freude bereiten.

Aufbau einer Rede

1. Wenn wir davon ausgehen, dass ein ehemaliger Kollege, mit dem Sie einige Jahre in Ihrem Unternehmen zusammengearbeitet haben, aufgestiegen ist und nun eine neue Position einnimmt, muss dies gefeiert werden. Der Kollege hat immer gerne gearbeitet und wurde für seinen Einsatz belohnt. Ein schöner Anlass für eine Rede.

2. Sie könnten erwägen, dass folgende Aspekte des Themas Beruf und Arbeit wichtig für Ihre Ansprache sind:

Der Kollege hat schon viel erreicht.

Arbeit macht einen Großteil unseres Lebens aus.

Arbeit sichert Wohlstand und verschafft Erfolg.

Arbeit darf aber nicht zum Selbstzweck werden und muss mit dem richtigen Maß angegangen werden.

Der Mensch muss arbeiten.

3. Das Sprichwort:

➤ **Arbeitsamkeit ist die Mutter des Glücks,**

kommt Ihnen in den Sinn, wenn Sie an den Kollegen denken, denn er hat, wie Sie wissen, immer gerne gearbeitet – und zwar nicht nur, weil er den jeweils nächsten Karriereschritt vor Augen hatte, sondern weil ihm die Arbeit an sich einfach Spaß macht. Warum wirkt er zufrieden und ausgeglichen? Weil er mit sich und seiner Aufgabe im Reinen ist. Daher heißt es:

➤ **Arbeite, solange du lebst, denn Arbeit ist Leben.**

Ihr Kollege hat bei scheinbar unlösbaren Problemen überdies niemals die Flinte ins Korn geworfen, sondern er hat guten Mutes an der Lösung gearbeitet. Dies drückt das Sprichwort:

➤ **Arbeit macht aus Steinen Brot,**

aus. Ja, der Fleißige kann Wunder vollbringen und das Geld liegt für ihn (sprichwörtlich) auf der Straße. Er gibt nicht auf, wo andere aufgeben. Daher zitieren Sie das chinesische Sprichwort:

➤ Um aus einem stumpfen Beil eine Nadel zu machen, braucht es nichts Weiteres als Arbeit.

Eventuell neigt Ihr Kollege jedoch manchmal dazu, es ein bisschen zu übertreiben und zu viel zu arbeiten. Wie rät man in diesem Fall – ebenso in China:

➤ Arbeite mit der aufsteigenden, ruhe mit der sinkenden Sonne.

Für einen humorvollen Ausklang der Rede eignet sich das jiddische Wort (»Sehen wir es einmal ganz pragmatisch«):

➤ Gratis bekommt man nur das Ungeziefer.

Hauseinweihung

Der Bau eines eigenen Heims gehört
zu den einschneidenden Erlebnissen im
Leben eines Menschen. Nicht wenigen
Zeitgenossen ist ihr Zuhause sogar
so wichtig, dass sie den größten Teil
ihres Einkommens in das Haus oder
die Wohnung investieren.

Zu Hause Gold, anderswo Erde (Estland)

Ein französisches Sprichwort sagt zwar
➤ Wo dein Herz ist,
   da wohnst du.
Trotzdem bevorzugen die meisten Menschen, sofern sie
nicht zu den umherziehenden Nomadenstämmen Afrikas
gehören, ihre eigenen vier Wände, ein festes Haus aus Stein
oder Holz und eine sichere Adresse. Nicht umsonst sagen
die Engländer:
➤ Du haust,
   wie du bist.
Man fiebert darauf hin: Auf den ersten Stein, der gesetzt
wird, auf die Fertigstellung des Rohbaus, auf den großen
Tag, an dem der Dachstuhl mit der in Deutschland obli-
gatorischen Fichte gekrönt wird, und der Zimmermann im
Namen aller am Bau beteiligten Handwerker eine lustige
und freche Rede auf den Hausherrn hält. Nicht weniger auf-
regend für die ganze Familie ist das Stöbern der Kataloge –
Böden und Bodenbeläge, Teppiche, Fliesen und Kacheln,
Zierleisten, Tapeten und Bordüren, Treppen und Handläufe,
Badarmaturen, Waschtische und Wannen und schließlich
die Küche. Alles will wohl überlegt, kalkuliert, drei Mal

*Immobilien
sind auch in
wirtschaft-
lich schwie-
rigen Zeiten
wertstabil
und damit
eine sichere
Geldanlage.*

gewendet und diskutiert und vom Familienrat letztlich bestimmt und ausgesucht werden. Und ist der große Tag wirklich gekommen, wird darüber debattiert, ob die Wandfarben stimmig und gefällig, ob die Zimmer geräumig genug und gut geschnitten und ob die Fenster und Türen dem Haus ein »schönes Gesicht« machen. Der Bau eines Hauses ist wie die Einrichtung eines Nestes. Wärme, Behaglichkeit, Wohlfühlen heißt die Devise.

Bei der Einweihung eines Hauses oder einer Wohnung sind der Stolz des Erbauers und die Freude der Familie offensichtlich. Gäste werden bei einer Hausbesichtigung durch die Zimmer geführt, über die Flure gescheucht, und die Vorzüge der Wohnung sowie die Gründe für diese und jene Planungsentscheidung werden in aller Ausführlichkeit erläutert und analysiert. Zudem sind oft die Streitigkeiten mit den Handwerkern ein Thema. Hier musste selbst Hand angelegt, dort dreifach aufgepasst und an anderer Stelle eine Nachbesserung verlangt werden. Letztlich allerdings: Man fühlt sich wohl, wohnt endlich so, wie man es sich immer erträumt hat und muss sich mit dem Vermieter, der jede Schönheitsreparatur schnöde verweigerte, nicht mehr ärgern. Was will der Gast darauf anderes sagen als das schöne deutsche Sprichwort:

➤ **Dein Wille**
   ist dein Himmelreich.

Andererseits lassen sich viele weitere treffende Sprichwörter für diese Gelegenheit finden, und besonders der Hausbau des eigenen Nachwuchses, nach dem die glücklichen Eltern zu Recht in naher Zukunft erwarten können, zu Großeltern »gemacht« zu werden, ist ein Anlass, der einer Rede wert ist. Es liegt auf der Hand:

➤ **Geld macht**
   Mut und Gut.

So sagt man in England und spielt damit auf die beruhigende Wirkung des Geldes an, das, wenn es in ausreichendem Maße vorhanden ist, Sicherheit vermittelt und richtig angelegt weiteres Vermögen schafft. Eine Immobilie gehört besonders in unruhigen und unsicheren Zeiten zu den besten »Beruhigungsmitteln«. Leicht ironisch lässt sich auch mit einem italienischen Sprichwort sagen:

Im eigenen Heim kann man endlich so wohnen, wie man es sich schon immer gewünscht hat.

➤ Geld macht nicht glücklich –
  aber es weint sich leichter.

Sei es wie es ist, leider ist es so, wie es ist, und so philosophieren die Ungarn:

➤ Geld spielt überall
  die erste Violine.

Doch nur nicht hochmütig werden, wie man in Deutschland weiß, denn:

➤ Geld und Gut
  lässt sich gewinnen –
  und verlieren.

Ein estnisches Sprichwort allerdings, dessen Kern selbstverständlich wahr ist, ist in einem Staat wie Deutschland, wo kaum etwas so teuer wie Grund und Boden ist, kaum zu realisieren:

➤ Mit fremdem Gut
  baut man kein Haus.

Richtig, möchten wir sagen. Nur: Wie in die Tat umsetzen, wenn die Decke hinten und vorne zu kurz ist? Außerdem würde die Bauwirtschaft noch mehr Not leiden, als dies ohnehin der Fall ist. Und deshalb ist die Entscheidung, sein Geld in feste Werte zu investieren und nicht etwa zu verspekulieren, auch richtig. So sagen wiederum die Engländer:

Der Kauf oder Bau eines Eigenheimes ist meist nicht ausschließlich mit eigenem Geld finanzierbar.

➤ Dein Geld ist in Sicherheit,
  nicht auf Schiffen und
  nicht in fremden Ländern,
  wenn es im Grundstein deines Hauses liegt.

Gibt es eine bessere Begründung für den Bau eines eigenen Hauses? Wohl kaum, doch der Mensch muss schon etwas dafür tun. Er kann nicht nur Pläne schmieden und Skizzen zeichnen. Und so heißt es, wiederum in Estland:

➤ **Auf einen bloßen Ausruf hin**
    lässt sich kein Haus bauen,

und man sagt auch:

➤ **Ein Haus wird nicht vom First,**
    sondern von der Erde aus gebaut,

und macht damit darauf aufmerksam, dass bei einem Hausbau sorgfältig geplant und kalkuliert werden muss. Deshalb heißt es auch:

➤ **Ein Haus zu bauen**
    ist nicht wie ein Körbchen flechten.

Klar: Es muss herzhaft angepackt und zugelangt werden und es bleibt auch nicht aus, dass es ungemütlich werden kann:

➤ **Es gibt kein Hausbau,**
    wo es nicht etwas Ärger gibt.

Die Herkunft des Sprichworts:

➤ **Ein Mann muss**
    einen Baum pflanzen,
    ein Haus bauen und
    einen Sohn zeugen,

ist nicht eindeutig geklärt. Klar ist jedoch, dass es den meisten Menschen zu Hause am besten gefällt. Hier ist man in gewohnter Umgebung, hier fühlt man sich sicher und geborgen. Nicht umsonst heißt es in England:

➤ **My home is my castle.**

Und so ist man in Estland auch überzeugt:

➤ **Lebe auf allen Vieren**
    oder hockend,
    lebe einerlei,
    wie schlecht im eigenen Hause –

**besser immer das eigene Dach
über dem Kopf,
als ein Leben neben Fremden.**

Warum gerade im Baltikum viele Sprichwörter existieren, die das häusliche Leben, den häuslichen Besitzstand und die Liebe zur eigenen Scholle in den höchsten Tönen preisen, ist nicht restlos zu klären. Offensichtlich ist jedoch der Zusammenhang zwischen der in vergangenen Jahrhunderten durchweg bäuerlichen Struktur der drei baltischen Länder und ihren zahlreichen Sprichwörtern. In Lettland heißt es zumindest:

➤ **Hausbrot ist das allersüßeste,**

und in Estland:

➤ **Zu Hause Gold,
anderswo Erde.**

Genauso wissen die häuslichen Esten:

➤ **Jedes Haus hat seine eigene Art,
jedes Haus seinen eigenen Geruch,**

und sie resümieren:

➤ **Überall ist es gut,
aber zu Hause am besten.**

Gleichwohl sollte der Mensch sein Leben nicht ausschließlich in den eigenen vier Wänden verbringen und die Nase ab und an in den Wind halten. So raten die Esten auch:

➤ **Wenn du einmal um das Haus gehst,
bist du klüger als der,
der auf dem Boden sitzt.**

Außerdem raten sie dazu, dialektisch zu denken. Deshalb heißt es auch:

➤ **Das Heim ist des Menschen
Hölle und Himmelreich.**

Ein Haus, eine Wohnung, hat als Heimstätte der Menschen, die darin wohnen, eine Seele und einen eigenen Charakter. Wo sein Platz ist, wie es landschaftlich liegt, wer die Nach-

Jedes Eigenheim hat einen eigenen Charakter und ist ein Spiegel der Seele seiner Bewohner.

barn sind und unter welchen Umständen es errichtet wurde: All das spielt eine Rolle. Insbesondere jedoch seine Bewohner prägen die Aura eines Hauses. Sie und ihre Taten, ihr Denken und ihre Lebensweise sind verantwortlich für die Wirkung des Heims auf fremde Menschen. Zumal in alten Häusern spüren sie den Wechsel der Generationen, die Geschehnisse, die sich in den Räumen der Wohnung ereignet haben. Dabei ist den Spaniern gerade die Position der Hausfrau als »Hüterin des Hauses« von Bedeutung. Sie sagen:

➤ Das Haus steht nicht auf dem Erdboden,
    sondern ruht auf einer Frau.

Eine schöne und einprägsame Metapher: Da der Mann (nach altem Verständnis der unterschiedlichen Aufgabenverteilung zwischen den Geschlechtern) fortwährend unterwegs ist, um für den Lebensunterhalt der Familie zu sorgen, kümmert sich die Frau zu Recht um – Pardon!, aber so waren die »Herren der Schöpfung« in archaischen Zeiten eben überzeugt und mental geprägt – die drei berühmten K's: Küche, Kinder, Kirche – Reihenfolge beliebig. Und so schlussfolgern die Esten auch:

➤ Das Heim ist die Welt der Frau,
    die Welt ist das Heim des Mannes,

und auch:

➤ Ein gutes Mädchen
    ist des Hauses Schlüssel,

oder:

➤ Ein bellender Hund auf dem Hof,
    eine rauchende Sauna und eine
    herumwatschelnde Hausfrau
    sind eines guten Gehöftes Merkmale,

sowie:

➤ Des Hauses Friede
    kommt von der Hausfrau,

und schließlich, reichlich derb:

In vielen Regionen gibt es wilde, ausgelassene, gelegentlich derbe Bräuche beim Bezug des Eigenheims.

➤ Bei einer faulen Hausfrau
   bleibt das Gesinde ohne Essen,
   obwohl es Brennholz auf der Darrstange,
   Brot auf dem Regal,
   Getreidekörner im Topf
   und Feuer im Herd gibt,

und letztlich:

➤ Eine schlechte Frau
   trägt in der Schürze
   mehr aus dem Speicher heraus
   als ein Mann
   mit der Kehle aus dem Wirtshaus.

Und trotzdem, jedenfalls in Lettland, weiß man die Rolle der Frau auch zu schätzen. So heißt es da:

➤ Ein Haus wird schön
   durch die Frau,
   die in ihm wohnt und
   reich durch die Frau,
   die es bewirtschaftet.

Na also! Das ist doch etwas anderes, als im Sudan behauptet wird:

➤ Das Haus wird schön
   durch sein Strohdach.

Kommen wir nun von der Hausfrau zu den Kindern, die das Haus mit Leben erfüllen. Den Russen fällt dazu ein:

➤ Wenn im Haus ein Kind ist,
   muss man statt einem Auge
   neun Augen haben,

und in Deutschland sagt man:

➤ Mehr Kinder im Hause,
   mehr Vaterunser.

Was meint dieses Sprichwort? Ganz einfach: Die Erwachsenen müssen einerseits auf die Schutzbefohlenen aufpassen und andererseits haben sie weniger zu beißen – deshalb wird mehr gebetet. Zumeist aber hat alles seine Ordnung, und die Eltern achten auf die richtige Bewirtschaftung des Heims. Die Letten warnen jedoch:

➤ Wenn im Haus Arbeit und Sorgfalt fehlen,
   dann verschwinden Brot und Salz vom Tisch.

Doch auch der »älteste Freund des Menschen« kommt nicht zu kurz. Was ein richtiges Haus ist, das braucht einen Hund. Er sorgt für den Schutz seiner Bewohner und ist, ob seiner äußerlichen Verfassung, zugleich Statussymbol der Besitzer. So wissen die Esten:

➤ Ein guter Hund
   ist immer des Hauses Schloss,

und warnen:

➤ Wo kein Hund ist,
   da ist der Hahn
   der Hüter des Hauses,

denn:

➤ Der Hund guckt in die Richtung des Waldes,
   der Wolf in Richtung des Hauses.

Deshalb liegt es auf der Hand:

➤ Ein fetter Hund und ein großer Holzstoß
   zeugen von des Hauses Wohlstand.

Gastfreundschaft sind Würde und Ehre des Hausherrn. Davon sind viele Kulturvölker überzeugt und so wird es auch praktiziert. Zum Beispiel im Sudan:

➤ Das Haus stirbt nicht,
   das einen Gast willkommen heißt,

und in Frankreich:

➤ Wo niemand zu Hause ist,
   da gibt es im Hause nichts,

und in Äthiopien:

➤ Eine Handvoll Hirse kann geteilt werden,
   zwei Hände Wasser werden zu Vieren.

Etwas prosaischer sind die Finnen:

➤ **Das Haus lebt seine Weise,**
   Besucher stören dabei nicht.

Zu Hause fühlt man sich sicher. Deshalb weiß man in
Deutschland:

➤ **Das Haus verliert nichts.**

Das heißt: Solange eine Sache nach der die Bewohner auf
der Suche sind und von der sie wissen, dass sie noch in der
Wohnung ist, aber bisher nicht gefunden werden konnte,
gilt sie jedenfalls nicht als verloren. Gleichwohl müssen
sich die Bewohner des Hauses vorsehen – besonders, was
die Möglichkeit eines Brandes anbelangt. Dazu sagt man
in Estland:

➤ **Zuerst bau den Brunnen,**
   dann das Haus,

denn:

➤ **Man kann ja den Brunnen nicht mehr graben,**
   wenn das Feuer an der Hausecke ist.

Eine wichtige kulturelle Errungenschaft fast aller Völker ist die Gastfreundschaft.

Die Gestaltung einer Einweihungsfeier

Gedankliche Bausteine

Hausbau und Geld
Zu Hause und außer Haus
Haus und Bewohner
Sicherheit

Tipps zur Gestaltung einer Hauseinweihung

1. Ein schönes Symbol für diese Feier ist ein Schlüssel. Dies kann ein »realer«
Schlüssel, zum Beispiel zur Öffnung eines Kästchens sein, in dem sich die gesammelten Geschenke für die Hausbesitzer befinden, oder ein großer symbolischer

Schlüssel, mit dessen Übergabe Sie die besten Wünsche für den neuen Lebensabschnitt verbinden.

2. Du haust, wie du bist,

sagen die Engländer. Und wie jemand »ist«, hängt mit seinem Leben und den bisherigen Lebensstationen zusammen. Eine schöne Idee ist es deshalb, Fotografien oder kleine Geschenke zu überreichen, die diese Stationen symbolisieren.

3. In manchen Regionen Deutschlands gibt es auch ganz schön wilde und ausgelassene Bräuche zum Neubezug eines Hauses oder einer Wohnung. Wie gesagt, es handelt sich bei diesem Akt um die Symbolisierung eines neuen Lebensabschnittes – und es sollte deshalb nicht alles bierernst genommen werden. Doch Vorsicht! Freunde in einem gesetzteren Alter und Leute mit teurem Hausrat könnten übel nehmen ...

Dazu bedienen sich die Gäste einer Anleihe aus dem Ideen-Füllhorn der Junggesellenabschiede und »Polterabende« vor Hochzeiten: Altes und nicht mehr brauchbares Geschirr der stolzen Hausbesitzer oder alte Bettgestelle und allerlei Krimskrams der Gastgeber wird heimlich besorgt und pünktlich vor dem Beginn der Feier auf der Straße (oder im Garten) mit lautem Hallo und großer Anteilnahme von Freunden, Verwandten und Nachbarn zerschmissen bzw. in alle Einzelteile zerlegt. Der Sinn ist klar: Der Abschied vom »alten Sach'« muss ausgiebig gefeiert und gehörig begossen werden – vergreifen Sie sich nur nicht an Dingen, die noch Verwendung finden könnten!

Aufbau einer Rede zur Haus- oder Wohnungseinweihung

1. Der Bau eines Hauses und/oder der Bezug einer neuen Wohnung gehören zu den Meilensteinen im menschlichen Leben. Die glücklichen Besitzer ernten die Früchte ihres Arbeitslebens und ihrer Mühen. Besitzerstolz, Lohn der Arbeit und der zufriedene Blick auf das bisher Erreichte spielen eine Rolle. Sie können als Freund der Familie im Namen der anderen versammelten Freunde und Bekannten die Gelegenheit erhalten, ein Grußwort zu sprechen, bei dem Sie Ihren Glückwünschen für das Leben im neuen Heim Ausdruck verleihen.

2. Daher scheinen der Gedanke und die Redewendung »Von nichts kommt nichts« nahe liegend. Zu ihrer Ausgestaltung bieten sich die Sprichwörter:

➤ Ein Haus wird nicht vom First, sondern von der Erde aus gebaut,
und:

➤ Weder baut man ein Haus mit der Nadel, noch trägt man Wasser mit einem Sieb,

zur Rezitation an. Nein, es muss gearbeitet werden, um das, was alle nun bestaunen, erreichen zu können. Am besten allerdings passt das englische Sprichwort:

➤ Dein Geld ist in Sicherheit, nicht auf Schiffen und nicht in fremden Ländern, wenn es im Grundstein deines Hauses liegt.

Interessant kann in diesem Zusammenhang ein Rendite-Vergleich der verschiedenen Arten sein, Vermögen zu bilden – und zwar besonders unter dem Aspekt der Sicherheit. Vor allem bei dem letzten großen Börsen-Crash haben Anleger schmerzhafte Erfahrungen gemacht. Werden Sie in Ihrem Vortrag bitte nicht zu »wirtschaftlich« und akademisch, doch surfen Sie einmal auf die Internetseiten von Bausparkassen und anderen Immobilienfinanzierern! Dort werden Sie, unter dem Aspekt der Langfristigkeit der Vermögensanlage und des Kapitalaufbaus zweifelsfrei feststellen, dass keine andere Form der Geldanlage mehr Sicherheit und längerfristigen Ertrag bietet, als der Kauf eines Hauses.

3. Doch Geld ist nicht alles. Deshalb sollte an die Familie, an die Bewohner des Hauses, erinnert werden. Hier stimmt Frankreich mit dem Sprichwort:

➤ Wo dein Herz ist, da wohnst du,

genau den richtigen Ton an.

Jubiläen

»Einen Grund zum Feiern gibt es immer«, sagt der Volksmund, und es gibt Menschen, die sehr gesellig sind und einfach gerne ein Fest veranstalten. Ein Jubiläum jedenfalls ist Anlass genug, mit anderen auf eine vergangene Zeitspanne zurückzuschauen.

Fröhlichkeit macht ein schönes Gesicht (Italien)

Dabei kann es sich um ein Firmenjubiläum handeln, um den sich jährenden Gründungstag eines Vereins oder die Mitgliedschaft in einer Interessensgemeinschaft welcher Art auch immer. Es kann um eine Silberhochzeit (25 Jahre) oder gar um eine Goldene Hochzeit (50 Jahre) gehen oder um den Jahrestag einer anderen, modernen Form der Partnerbeziehung.

Was ist in der hinter uns liegenden Zeit so alles passiert?

Ansprachen zu einem Jubiläum haben beinahe immer einen offiziellen Charakter, denn, so sagt ein Sprichwort aus Laos:

➤ Die Zeit macht den Menschen ernst.

Wir besinnen uns zunächst einmal auf die hinter uns liegende Zeit. Was ist in dieser Spanne unseres Lebens alles passiert? Dies sollte der Kern jeder Rede zu einem Jubiläum sein. Bei der Feier eines Kollegen, der sein Firmenjubiläum im Kreise der Mitarbeiter und Vorgesetzten begeht, können daher die geschäftliche Entwicklung des Unternehmens, der Werdegang des Jubilars, die Projekte der Firma und die erfolgreichen Geschäftsabschlüsse Inhalte der Anspra-

che sein. Beim Gründungstag eines Vereins, einer Bürger-
initiative, sozialen Organisation, eines Clubs o. ä. blickt
man auf das Motiv der Gründung und das bisher Erreichte
zurück. Und bei einem Ehe- oder Partnerschaftsjubiläum
bilden selbstverständlich das Verhältnis zwischen Mann
und Frau und das gemeinsame Leben den Kern der Rede.

➤ **Ehre, wem Ehre gebührt.**

Mit diesem Sprichwort, dessen Ursprung nicht in Deutschland, sondern in Estland liegt, kann jede Rede auf einen
Jubilar beginnen. Dabei ist die Ehrbezeugung anderer
eine Frage der Zeit. Ehre muss verdient werden und ist
eine Sache des Durchhaltevermögens. Darum heißt es in
Deutschland:

➤ **Wer Ausdauer hat,**
  kommt mit allem zu Ende,

und auch, knapp, schnörkellos und unumwunden:

➤ **Wer aushält, erhält.**

Andererseits, das schreiben wiederum die Esten einem Jubilar ins Stammbuch:

➤ **Alte Zeiten – alter Aberglaube.**

Das heißt also: Jubilar, stilisiere die »guten alten Zeiten«
nicht allzu sehr! Gleichwohl gibt es einen Anlass zum Jubeln. Und beizeiten dürfen wir das auch. Deshalb warnt
ein deutsches Sprichwort:

➤ **Juble nicht vor der Zeit.**

Wir wollen nicht sauertöpfisch sein. Aber die alten Deutschen sehen immer schon das Ende der Jubelfeier voraus:

➤ **Jubeln und Prassen**
  machen leere Kassen.

Doch auch in Estland weiß man:

➤ **Feiertage kommen wie Könige –**
  und gehen wie Bettler.

Sei es drum, heute wird gefeiert! Und da bemerken wir
auch bei ernsten, stillen Zeitgenossen einen ganz neuen

Bei einem Jubiläum schaut man gemeinsam mit anderen auf einen Teil des eigenen Lebens zurück.

Zug auf ihrem Gesicht. So sagen die Leute in der italienischen Toskana treffend:

➤ **Fröhlichkeit macht ein schönes Gesicht,**

und in Frankreich weiß man:

➤ **Fröhlichkeit ist besser als Reichtum.**

In Belgien heißt ein Sprichwort:

➤ **Frohsinn ist der beste Doktor,**

und hierzulande:

➤ **Froh sein kostet wenig,**
  und wer froh ist,
  ist ein König,

oder auch:

➤ **Frohem Sinn fehlt es nicht an Liedern,**

während ein jiddisches Sprichwort richtig beobachtet:

➤ **Ein Gelächter hört man weiter als ein Weinen.**

Deshalb gibt es guten Grund, ein Fest richtig zu begehen. In China philosophiert man:

➤ **Feiere**
  und deine Hallen sind gefüllt,
  faste
  und die Welt geht vorüber.

Selbstverständlich geht es bei kaum einer Feier ohne die belebende Wirkung alkoholischer Getränke ab. Doch alles will mit Maß und Ziel genossen werden. Daher weiß man in Österreich:

➤ **Beim Wein erkennt man**
  die Leute,

und in England:

➤ **Beim Wein geht die Zunge auf Stelzen,**
sowie in Italien:

Woran erinnern wir uns gerne?

➤ **Beim Wein gibt's gute Poeten.**

Auch wenn ein Jubiläum eine durchaus ernste Angelegenheit sein kann: Der Jubilar sammelt Freunde, Kollegen und Gleichgesinnte um sich, Menschen also, die ein ähnliches Ziel verfolgen oder sich in einer ähnlichen Lebenslage befinden. Man ist unter sich. Da liegen Sprichwörter zur Freundschaft auf der Hand. Und auch, wenn ein deutsches Sprichwort durchaus nüchtern die Lage erkennt und vor einem allzu heftigen Schwenken des Weihrauchkessels zu Ehren des Jubilars warnt:

➤ Freundes Mund redet allzeit was Gutes,

weiß man in Italien doch, was ein Freund wert ist:

➤ Um einen Freund wiederzusehen
   ist kein Umweg zu weit.

Wer ein Jubiläum begehen darf, hat darauf hingearbeitet. In aller Regel war er zielstrebig, beständig in seinem Bemühen, er hat Geduld bewiesen und im rechten Augenblick auch die richtigen Entscheidungen getroffen. Ansonsten würde er kein Jubiläum feiern können. Diesen Zusammenhang drückt ein afrikanisches Sprichwort mit einer schönen Metapher aus:

➤ Um einen Elefanten zu häuten,
   braucht man nicht ein großes,
   sondern ein scharfes Messer,

und in Australien sagen die Leute:

➤ Wer auf allen Wegen wandert,
   erreicht nie das Ziel.

Zupacken, im richtigen Moment das Glück erwischen, das zeichnet Jubilare aus. Dazu heißt es in einem italienischen Sprichwort:

➤ Wer auf jede Feder achtet,
   wird niemals ein Bett machen.

Schön ist es, wenn der Jubilar bei aller Zielstrebigkeit nicht nur an sich selbst, sondern auch an andere gedacht hat, wie es in Schottland im übertragenen Sinne heißt:

➤ Wer Bäume pflanzt,
   der liebt noch andere außer sich selbst.

Jedenfalls ist der Geehrte, so zeigt sein Jubiläum, einen großen Schritt weiter voran gekommen. Dieser Schritt erscheint allerdings nur uns Menschen groß. In der Mongolei relativiert ein Sprichwort:

➤ **Wer auf einem Kamel sitzt,**

    der ist dem Himmel schon etwas näher.

Und trotzdem: Ein Jubiläum, das eventuell eine große, hinter uns liegende Zeitspanne symbolisiert, ist bei weitem kein Grund, traurig zu sein oder den Kopf hängen zu lassen. Nicht die verflossene Zeit, die unwiederbringlich vorüber ist, sondern die vor uns liegende Zeit sollte unbedingt im Mittelpunkt einer Jubiläumsfeier stehen. Italien bringt diesen Zusammenhang in großer Klarheit auf den Punkt:

➤ **Wer Angst hat vor der Zukunft,**

    hat in der Vergangenheit nicht richtig gelebt.

Richtig! Ist es nicht vielmehr so, dass das Erlebte, all die Ereignisse, bei denen wir zugegen waren, all die Erfahrungen, die wir gemacht haben, das Leben bereichert haben? Wohl gemerkt, das Leben ist voller und nicht etwa ärmer geworden. So sagen die Finnen:

➤ **Arm ist der,**

    der keine Vergangenheit hat.

Wie gesagt, es gibt Menschen, die für ihr Leben gerne feiern und ein rauschendes Fest veranstalten, manchmal aus nichtigem Anlass und einfach aus einer Laune heraus, weil sie sich des Lebens freuen und sehr gesellig sind. Unter den Russen mag es nicht wenige Zeitgenossen mit diesem Naturell geben und so sagen sie auch:

➤ **Frohes Gemüt**

    kann Schnee in Feuer verwandeln.

In Estland meint der Volksmund zwar, dass Fröhlichkeit und Feierlaune besonders mit dem Lebensalter zu tun hat:

➤ **Fröhlich und mutig**

    wandelt man in der Jugend,

Beim Feiern eines Jubiläums sind meist in irgendeiner Form Gleichgesinnte unter sich.

doch ein froher Mut steht wohl jedem Lebensalter zu. In Frankreich heißt es deshalb treffend:

➤ **Fröhliche Leute**
  gähnen nicht.

Gerade in südlicheren Gefilden, wo das Leben immer noch ein bisschen leichter genommen wird, gibt es tiefere philosophische Einsichten. So wissen die Araber:

➤ **Bekleide den Strunk,**
  und er wird hübsch!

Ganz klar: Man muss sich das Leben schön machen, für Abwechslung sorgen und es auch mal »krachen« lassen. Dazu gehört gutes Trinken – und eine gute »Grundlage«. So heißt es in Estland:

➤ **Über dem vollen Bauch**
  lächelt ein fröhliches Haupt.

Die Gestaltung einer Jubiläumsfeier

Gedankliche Bausteine

Zeit
Jubel
Feiern und Fröhlichkeit
Freundschaft
Zielstrebigkeit

Tipps zur Gestaltung eines Jubiläums

1. Bei einem Jubiläum am Arbeitsplatz macht es dem Geehrten sicherlich große Freude, wenn Sie einen Ausbilder oder Kollegen aus der Zeit seiner beruflichen Anfänge mit zum Fest bringen. Oder schmücken Sie, falls Sie organisatorisch und technisch dazu die Möglichkeit haben, den Festsaal mit einem Gerät oder einem Werkzeug, das die alten Zeiten symbolisiert. Das verrät Wertschätzung, Einfühlungsvermögen und Respekt.

2. Als Freund der Familie oder des Jubel-Paares haben Sie in einer Rede vielleicht die Gelegenheit, zu Ihrer Freundschaft in den zurückliegenden Jahren Stellung zu nehmen. Was haben Sie gemeinsam erlebt, welche Erlebnisse sollten besonders hervorgehoben werden?

3. Zur Feier des Jubiläums eines Vereins, einer Organisation oder einer Initiative empfiehlt es sich, die Lebensstationen des Geehrten mit der Entwicklung der Vereinigung in Zusammenhang zu bringen. Suchen Sie nach Parallelen zwischen dem privaten und dem ehrenamtlich-öffentlichen Leben. Sehr wirkungsvoll kann es in diesem Zusammenhang sein, wenn Sie Ihren Vortrag streng und systematisch strukturieren.

Ein Beispiel:

Hans Müller feiert sein 20jähriges Firmenjubiläum. Er war einer der ersten Mitarbeiter des neu gegründeten Unternehmens, und Sie verknüpfen die geschäftliche Entwicklung der Firma mit dem Privatleben des Jubilars. Dazu benötigen Sie natürlich Informationen aus erster Hand, die Sie sich – unter der Hand – von Familienangehörigen Müllers besorgen können. Sie könnten folgendermaßen beginnen:

»Wir schreiben das Jahr 1986: Das Unternehmen Weber&Gerber war am 17. Juli im Handelsregister eingetragen worden, 14 Tage zuvor hatte unser Jubilar gerade sein Diplom zum Industriekaufmann mit großem Erfolg abgelegt. Drei Monate später, um genau zu sein, am 22. Oktober, zählten wir bereits 12 größere Aufträge unserer Kunden – Hans Müller ist gerade drei Wochen in unserem Team, eingestellt haben wir ihn am 01. des Monats, das Bewerbungsgespräch hatte in der letzten Septemberwoche stattgefunden ...« Und so weiter.

Aufbau einer Jubiläumsansprache

1. Die Art Ihrer Rede orientiert sich am Anlass der Feierlichkeit. Handelt es sich um die Feier eines Firmenjubiläums, verleihen Sie ihr einen offiziellen Charakter. Beleuchten Sie dabei die Karrierestationen des Jubilars, seine Erfolge, die Projekte, an denen er mitgearbeitet hat und werden Sie ruhig auch ein bisschen persönlich und erwähnen Sie positive Eigenschaften wie Kollegialität, Hilfsbereitschaft und Teamfähigkeit. Zeichnet er sich durch Wissbegier aus? Dann zitieren Sie doch das jiddische Sprichwort:

➤ Ein Mensch soll leben, schon alleine der Neugierde wegen.

Weitere Sprichwörter zum Themenfeld Beruf finden Sie in diesem Buch im Kapitel Beruf, Arbeit und Erfolg.

2. Falls Sie sich auf eine Rede für ein Jubiläum im privaten Bereich vorbereiten, sollten Sie sich im Familien-, Bekannten- und Freundeskreis umhören. Gibt es nette Anekdoten, die Sie amüsant in Ihre Ansprache einbauen können?

3. Für ein Ehejubiläum oder die Feier des Jahrestages einer anderen Lebenspartnerschaft empfehlen sich Sprichworte aus den Kapiteln Verlobung und Hochzeit. Hier können Sie aus einem reichhaltigen Fundus schöpfen.

Ruhestand

Der Beginn des Ruhestands fällt vielen außerordentlich schwer. Das Bild vom »alten Eisen« hat sich in den Köpfen festgesetzt. Kein Wunder, die Realität auf dem Arbeitsmarkt bestätigt bislang diejenigen, die sich mit über 50 schon »alt« fühlen.

Alt werden will jeder, älter werden niemand (Ungarn)

Sie erhalten nur mit größter Anstrengung und einer gehörigen Portion Glück (oder exzellenten Verbindungen) im Falle des Verlustes ihres Arbeitsplatzes eine neue Beschäftigung.

Wer mit sich im Reinen ist, kann den Ruhestand ungetrübt genießen.

Bislang allerdings, weil sich infolge des fehlenden Nachwuchses in Deutschland die Rahmenbedingungen auf dem Arbeitsmarkt dramatisch verändern werden. Jetzt treten die letzten geburtenstarken Jahrgänge ins Arbeitsleben ein und spätestens von 2010 an werden die deutschen Unternehmen händeringend nach Nachwuchs Ausschau halten. Dann dürften viele Erwerbstätige mit einer Offerte ihrer jeweiligen Firma konfrontiert werden, an die heute noch kaum jemand im Traum denkt: »Bleiben Sie doch bitte noch über Ihren 65. Geburtstag hinaus. Wir können auf Ihre Erfahrung nicht verzichten ...«

Trotzdem: Irgendwann ist »Schicht im Schacht« und die Verantwortung geht vom »Alten« auf den »Jungen« über. Deshalb ist jeder gut beraten, für diesen Tag vorzusorgen. Freundschaften, soziale Kontakte, Aufgaben im Vereinsleben, Sport, Hobbys und sinnvolle Freizeitbeschäftigungen, Engagement in der Familie: All das schützt davor, in das berühmte schwarze Loch zu fallen. Die Erfahrung lehrt, dass die Menschen, die ihren Beruf jeweils kreativ, motiviert und mit Einsatzfreude ausgefüllt haben (bzw. ausfüllen konnten und durften), auch im Ruhestand keine Probleme haben. Für solche Zeitgenossen gilt dann mehr das Wort vom Un-Ruhestand. Ja, die deutsche Wirtschaft wird in naher Zukunft auf ihre älteren Mitarbeiter zurückgreifen müssen. Aller Voraussicht nach wird es zu einer Situation kommen, die mit den ersten Jahren nach der Wiedervereinigung Deutschlands zu vergleichen ist. In dieser Zeit wurden neben zahlreichen Führungskräften in der staatlichen Verwaltung auch viele Abteilungsleiter und Manager in der freien Wirtschaft, die sich bereits kurze Zeit im Ruhestand befanden oder kurz vor der Beendigung ihres Arbeitslebens standen, »reanimiert«. Sie erhielten neue und zeitlich befristete Verträge, um beim Aufbau Ost zu helfen.

Falls Sie als Personalverantwortlicher in den kommenden Jahren in die Situation kommen sollten, Verträge mit älteren Mitarbeitern zu erneuern oder zu verlängern oder aber einen Ruheständler verabschieden, der auf der Grundlage eines Beratervertrags noch eine Zeit weiter für Ihr Unternehmen tätig sein wird, empfehlen sich fünf Sprichwörter. In England, dem Land der Fuchs- und Hasenjagden, pflegt man das Wort:

➤ **Mit alten Hunden fängt man die meisten Hasen.**

Okay, alte Hunde können zwar (meistens) nicht mehr so schnell laufen wie junge. Sie lassen sich aber auch nicht so einfach austricksen und fallen nicht auf jeden Haken des flinken Hasen herein. Ins Arbeitsleben übertragen bedeutet dies, dass die Erfahrung der Alten nicht selten über die ungestüme Kraft der Jungen triumphiert. Das weiß man auch in Deutschland. Hier heißt es:

Erfahrene Menschen fallen nicht mehr auf jeden Trick herein.

➤ Alte raten,
  Junge taten.

Kongenial sagt der französische Volksmund:

➤ Alter Fuchs geht nicht ins Garn.

Er hat sich die »Hörner« schon abgestoßen, er weiß, wo die Fallen stehen und wie sie zu umgehen sind. Auf jeden Köder fällt er nicht mehr herein. Deshalb wissen die Engländer:

➤ Alte Füchse brauchen keine Lehrer.

Die Menschen in Estland bringen das Phänomen des Generationswechsels und allgemein den Übergang von alt zu neu (jung) auf den Punkt:

➤ **Alten Kohl soll man nicht eher fortwerfen, bevor es neuen gibt.**

Daher sollte das trostlose Sprichwort aus Norddeutschland, das ursprünglich wohl auf die Übergabe des Bauernhofes auf die nachfolgende Generation zurückzuführen ist, heute nicht mehr gelten:

➤ **Übergeben – nimmer leben.**

➤ **Die Zeit pflügt tiefe Spuren.**

So heißt ein Sprichwort aus Schweden – und es wäre ja auch verwunderlich, wenn es zwischen Alt und Jung keine sichtbaren Unterschiede gäbe. Und trotz aller Schönheitschirurgie, Hormonbehandlungen und Anti-Aging-Kosmetik: aus Alt wird nicht Jung. Da können Zeitgeist und Werbeindustrie ewig die Trommel rühren – »forever young« wird es niemals geben.

Trotz Schönheitschirurgie und Anti-Aging: Aus »Alt« wird nicht mehr »Jung«.

Themen wie Älterwerden und Nicht-mehr-aktiv-sein können deshalb nicht aus einer Rede für einen Ruheständler herausgehalten werden. Alles andere wäre unglaubwürdig. Es kommt jedoch darauf an, wie geschickt Sie die Sprichwörter einflechten.

➤ Alt werden will jeder,
  älter werden niemand,

philosophieren die Ungarn und formulieren damit wohl den größten Wunsch aller Menschen dieser Welt: Alt werden, reich an Erfahrung und Erlebnissen, klug und weise sein – zugleich aber auch schön und frisch wie die Jugend, gesund, fit und voller Tatendrang. Bedauerlicherweise kommt es aber so, wie es in Deutschland heißt:

➤ **Alte Stiefel bedürfen**
   viel Schmierens.

Dass das Älterwerden keinesfalls aber Schmach und Schande bedeutet, sondern der natürliche Gang der Dinge ist, sagen drei Sprichwörter, ebenfalls aus Deutschland:

➤ **Grau' Haar**
   sind der Alten Schmuck,

und:

➤ **Grau Haar sind**
   ein Cron (Krone) der Ehren,

sowie das tröstende:

➤ **Graue Haare**
   sind auch nicht schwerer.

Wie Sie sehen, gibt es auch Trost spendende Sprichwörter die jedoch nichts an der Tatsache ändern, dass das Leben allzu schnell vorbeigeht. So heißt es in China:

➤ **Ein rosiges Gesicht**
   gleicht einem Baum im Frühling.
   Die Jahre verrinnen,
   wie ein Weberschiffchen flitzt.

Gut getroffen hat es jedoch einer, der bei stabiler Gesundheit ist. Denn, wieder sinnieren darüber die Chinesen:

➤ **Gesundheit im Alter**
   gleicht Frost im Frühling
   oder Wärme im Spätherbst.

Und was ist immer noch besser als krank, alt und arm zu sein? Klar, gesund, alt und reich. Und so weiß man wiederum im Land der Mitte:

➤ Fürchte nicht,

    dich in der Jugend zu plagen,

    wohl aber,

    im Alter arm zu sein,

obwohl, ja auch die dialektische Umkehrung dieser Einsicht stammt aus China:

➤ Geld im Alter ist

    wie Schnee im Juni,

– selten also und (relativ) nutzlos. Der Ruheständler wird jedoch hoffentlich vorgesorgt haben.

Das Alter ist aber nicht nur »weise«. In Deutschland heißt es:

➤ Alter schützt vor Torheit nicht.

Und in den Vereinigten Staaten von Amerika sagen die Leute:

➤ Kein Narr so groß

    wie ein alter Narr.

Die Franzosen schränken vornehm ein:

➤ Jedes Alter

    hat seine Torheiten.

Meist jedoch findet man weniger Torheit als Ruhebedürfnis im Alter. Deshalb sagen die Peruaner:

➤ Alten Leuten behagt es zu Hause,

und, wenn es auch in Italien nicht unklug, doch etwas respektlos, heißt:

➤ Alten muss man ihre Weise lassen,

und in Deutschland:

➤ Alte Weiden haben dicke Köpfe.

Ist der ältere Mensch auch nach einem erfüllten Arbeitsleben nicht alleine, denn, so sagen die Russen:

➤ Gott spricht auch mit einem Achtziger,

    wenn der ihn nur hören will.

Der größte Vorteil älterer gegenüber jüngeren Menschen ist wohl ihre Bedächtigkeit, Ruhe und Besonnenheit aufgrund jahrzehntelanger Erfahrung mit verschiedenen Situationen

Sprichwörter zum Ruhestand müssen das Thema des Älterwerdens charmant in den Zusammenhang setzen.

und Herausforderungen im (Berufs-)leben. Denn, so weiß man in Belgien:

➤ **Jugend muss austoben,**

und in Russland sagen die Leute:

➤ **Jugendlicher Verstand gleicht dem Eis im Frühling.**

Kommt die Sonne, bildlich gesprochen also das Gefühl, schmilzt die Ratio rasch dahin. Deshalb reimt der deutsche Volksmund:

➤ **Jugend wild,**
   Alter mild.

Und weil das so ist, lassen sich ältere Menschen, wenn sie nicht gerade Un-Ruheständler sind, nicht mehr so schnell auf Neues ein. Dazu ein sehr bekanntes und oft zitiertes deutsches Sprichwort:

➤ **Alte Bäume sind schwer**
   zu verpflanzen.

Die Alters-Weisheit ist das Pfund, mit dem die Alten wuchern – auch, wenn es in Griechenland lapidar heißt:

➤ **Die Weisheit im Alter**
   ist die Philosophie des Todes.

Gleichwohl hat der, der ob seiner Lebensjahre schon viel gesehen hat, treffliche Einsichten. Zum Beispiel die folgende aus Estland:

➤ **Berge leben länger**
   als Könige.

In Deutschland sagt man:

➤ **Je grauer, je schlauer,**

denn:

➤ **Alter bringt Erfahrung,**

und:

➤ **Alte Worte sind weise Worte.**

Noch einmal zurück nach Estland. Dort heißt es überdies:

➤ **Alter Bär –**
   schlauer Verstand.

Das Leben eines Jubilars ist Teil der Geschichte einer Familie, eines Unternehmens, eines Vereins usw.

Was aber macht die Weisheit im Alter aus? Ganz klar: das Abstraktionsvermögen, der geringere Ehrgeiz, es allen beweisen zu müssen, die Distanz zu sich selbst – und im positivsten Sinne die Fähigkeit, über sich selbst lächeln zu können. Dazu meint dann auch ein englisches Sprichwort:

➤ **Über unbedeutende Sachen beraten nur die Häuptlinge,**
über wichtigere aber alle.

Ist dies nicht ein wunderschönes Bonmot in einer Rede zu Ehren eines Ruheständlers, der seinen Weg gerne für die Nachfolger frei gemacht und sich auch als Chef bewusst nicht übermäßig in Szene gesetzt hat? In diesen Zusammenhang passt auch ein Sprichwort aus der Ukraine. Hier heißt es:

➤ **Um andere zu beurteilen und zu verurteilen,**
musst du ein Heiliger sein.

Auch diese Einsicht, das zeigt zumindest die Lebenserfahrung, benötigt einige Jahrzehnte an Vorlauf. Daneben gibt es natürlich auch ein gewisses Beharrungsvermögen im Alter, das Jüngere oft mit Starrsinn verwechseln. Dazu ein deutsches Wort:

➤ **Alte Kuh gar leicht vergisst,**
dass auch sie ein Kalb gewesen ist.

In Vietnam sagt man hingegen:

➤ **Alten kann man wohl vorlaufen,**
aber nicht vorraten.

Älterwerden ist eine eigentümliche Sache, aber auch im Arbeitsleben nicht zu vermeiden. Wie wir bereits wissen, kann dieser Vorgang milde stimmen. So macht er aus einst eisernen Besen freundliche und verträgliche Kollegen. Dazu ein deutsches Sprichwort:

➤ **Als David kam ins Alter,**
so sang er fromme Psalter.

Vielleicht spielt dabei auch die folgende Einsicht eine Rolle, die in Estland in ein Sprichwort gegossen wurde:

➤ **Ärgern macht alt.**
Mit Humor und mit Hilfe eines chinesischen Sprichworts
kann ein ehemaliger Workaholic in den verdienten Ruhestand verabschiedet werden – eventuell hat er nach dieser
Devise gelebt und gearbeitet:

➤ **Arbeite schnell und geh schnell,**
   dann sagt niemand,
   dass du alt bist.

Genau besehen hat der Ruhestand aber auch durchaus seine
Vorteile, wie ein jiddisches Sprichwort weiß:

➤ **Überstandene Sorgen sind gut zu erzählen.**

Zugleich warnen die Menschen jedoch auch vor dem Erzählen der alten Geschichten. Zum einen wollen die Jungen
oft nicht hören, was die Alten erlebt haben – die Sitten
und Gebräuche, die Geschmäcker und die Moden haben sich
verändert. Da kommt es nicht gut an, wenn die Alten penetrant vorführen, dass sie nicht mehr *up to date* sind. Daher
formulieren die Engländer respektlos:

➤ **Alte Zeiten –**
   alter Aberglaube.

Selbstbewusste »Alte« können jedoch mit einer gehörigen
Portion *understatement* ihr Lebensalter in Beziehung zur
gesellschaftlichen Realität stellen und ein Wort aus dem alten Rom zitieren:

➤ **Alt zu werden,**
   lohnt sich nur in Sparta.

Im antiken Stadtstaat der Hellenen wurde das Alter nämlich
in Ehren gehalten!

Darüber hinaus lässt sich auch im Alter trefflich über Andere, die Jüngeren, spotten. Sie sind jung, okay, können sie
sich aber auch etwas leisten? So witzeln die Franzosen (und
wir denken an »sprichwörtliche« ältere Herren im Porsche):

➤ **Altem Esel schöner Sattel.**

Und wenn es sich bei einem älteren und in den Ruhestand

*Der »Lohn«
des Älterwer-
dens ist die
Weisheit,
die aus einer
gesunden
Distanz zu
sich selbst
entstehen
kann.*

verabschiedeten Herrn handelt, der bekannt ist für seine Unternehmungslust und Fidelität, bietet sich ein weiteres humoriges Wort aus Frankreich an:

➤ **Einen alten Hund**
kann man nur schwer
an die Leine legen.

Die Gestaltung einer Pensionierungsfeier

Gedankliche Bausteine

»Un-Ruhestand«
Alter
Ruhe und Besonnenheit
Weisheit
Arbeitsleben

Tipps für eine Feier zum Ruhestand

1. Ein Mitarbeiter, der an seinem letzten Arbeitstag den Eintritt in den Ruhestand begeht, blickt auf ein ganzes Arbeitsleben zurück, das zwischen 30 und 45 Jahre gewährt hat. Wenn er diese lange Zeit auch nur im seltensten Fall an einem einzigen Arbeitsplatz verbracht hat, ist es für seinen Arbeitgeber, der ihn jetzt verabschiedet, ein Muss, seine beruflichen Stationen, seine Erfolge und die Projekte, an denen der Betreffende mitgearbeitet hat, aufzuzählen. Er sollte das Arbeitsleben Revue passieren lassen. Dazu eignet sich natürlich eine Rede.

Noch besser allerdings ist es – je nach Stellung des Ausscheidenden im Unternehmen – einen kleinen Vortrag über die Karriere zu halten, der von Fotos oder gar einer Power-Point-Präsentation unterstützt wird. Damit lassen sich witzige Anekdoten und/oder wichtige Marksteine des Arbeitslebens eindrucksvoll und unterhaltsam in Erinnerung rufen.

2. Ein großes Hallo bei allen Anwesenden, vor allem aber beim Jubilar, ruft ein Überraschungsgast hervor. Eventuell gelingt es, einen oder mehrere Ex-Kollegen oder frühere Chefs des Ruheständlers zur Feier mit einzuladen.

3. Über ein Geschenk aus dem Kollegenkreis und/oder seines Arbeitgebers würde sich der Ausscheidende selbstverständlich freuen. Darin zeigen sich Anerkennung und Respekt für die Lebensleistung. Die Abschiedsgabe hat zumeist etwas mit den liebsten Freizeitbeschäftigungen des Jubilars zu tun.

Aufbau einer Rede zu Ehren eines Ruheständlers

1. Kluge Chefs und Personalleiter wissen, dass die Qualifikationen und Kenntnisse ihrer Mitarbeiter das größte Kapital ihres Unternehmens ist. Die »Ressource Mensch« ist durch nichts zu ersetzen, mit ihr steht und fällt der wirtschaftliche Erfolg. Eine Rede zu Ehren eines verdienten Mitarbeiters, der sein Arbeitsleben beendet, ist deshalb ganz selbstverständlich von Respekt und Anerkennung für seine Leistungen im Unternehmen gekennzeichnet.

Mitarbeiter haben übrigens ein sehr feines und untrügliches Gespür für die Ernsthaftigkeit und Aufrichtigkeit einer Ansprache zu Ehren eines Beschäftigten. Steht da ein Vorgesetzter vor ihnen, der gewohnt professionell und emotionslos eine Rede zur Verleihung der Goldenen Ehrennadel abspult, oder aber haben die Worte, die er mehr oder weniger salbungsvoll artikuliert, Tiefe und Hintergrund? Chefs sollten Eines auf jeden Fall vermeiden: so tun als ob. Es wird ihnen nicht ab-, sondern übel genommen. Haben Sie es als Vorgesetzter mit einem Mitarbeiter zu tun, den Sie schon lange lieber im Ruhestand als in der Firma gesehen hätten, dann spielen Sie keinen Abschiedsschmerz vor, sondern zählen Sie nüchtern (und möglichst objektiv) seine beruflichen Stationen und Verdienste um das Unternehmen auf und verabschieden Sie ihn mit einem respektvollen Händedruck. Das hat Stil – und mehr wird nicht gefordert. Beendet jedoch ein Kollege sein aktives Arbeitsleben, der sich stets motiviert und engagiert für die Firma und andere eingesetzt hat und wertvoll für das Unternehmen war, dann können Sie auch ruhig einmal etwas persönlicher werden! Spielen Sie nicht immer nur den unnahbaren Chef, sondern zeigen Sie auch einmal, dass der Weggang des Kollegen eine Lücke hinterlässt!

2. Vorgesetzte mit guten Kenntnissen in Menschenführung und Personalverant-
wortung informieren sich dazu vorab bei älteren Kollegen und auch früheren,
bereits ausgeschiedenen Mitarbeitern des Ruheständlers. Damit gehen sie sicher,
dass Sie keine wichtigen beruflichen Stationen und Erfolge des Jubilars vergessen. Außerdem erfahren sie so zusätzliche Informationen über die Arbeit des
Ausscheidenden. Eventuell finden sich darin Daten und Fakten, die dem Jubilar
ohne Ihr Wissen besonders wichtig sind und die sie in die Rede einfließen lassen
können.

3. Das Arbeitsleben des frisch gebackenen Ruheständlers ist Teil der Unterneh-
mensgeschichte. Interessant ist es deshalb, die Entwicklung der Firma mit seiner
Karriere zu verknüpfen.

Tod, Sterben, Beerdigung

Der Tod ist etwas Natürliches. Das Leben beginnt und muss unweigerlich enden, alles Leben auf dieser Erde wird geboren, wächst – und vergeht. Dennoch gehört eine Trauerfeier für viele Menschen zu den Anlässen, die sie am liebsten meiden.

Die Erde ist ein Wirt, der seine Gäste umbringt (Iran)

Je älter wir selbst jedoch werden, desto mehr häufen sich Todesfälle und Beerdigungen im eigenen Umkreis. Falls wir bisher das Glück hatten, unsere nächsten Angehörigen noch um uns zu haben, ist es doch bestimmt ein lieber Freund, Bekannter oder Kollege, den wir auf seinem letzten Weg begleitet haben. Alles, was auf Trauerfeiern gesagt werden kann, ist für uns, die wir selbst irgendwann sterben werden, in der Regel nur ein billiger Trost, und so verhält es sich auch, wenn uns nahe stehende Menschen für immer verlassen. Wir sind sprichwörtlich untröstlich.

Für eine Trauerrede gibt es kein Patentrezept, sondern nur den Rat, sich einzufühlen.

Der Versuch, in einer Trauerrede wirklichen Trost zu spenden, kann deshalb immer nur eine Annäherung sein. Dem Sprechenden gelingt es in den seltensten Fällen, in dieser menschlichen Grenzsituation zur Vorstellungswelt der Trauernden vorzudringen und ihren Kummer zu lindern. Es ist eine Tatsache, dass Menschen einen anderen Menschen verloren haben. Daran ändert weder das christliche

Weltbild etwas, nach dem wir den Verstorbenen im ewigen Leben nach dem Tode wieder treffen, noch eine auf einer anderen religiösen Überzeugung gründende Theorie. Sehr viel besser wäre es in unseren Augen, wenn der, den wir zu Grabe tragen, noch fröhlich unter uns wäre. Mit einer Ausnahme: Der Tod kann für einen Menschen mit schwerer Krankheit und nach langer Zeit des Leidens wohl wirklich eine Erlösung sein.

Sie haben es bemerkt: Für eine Trauerrede gibt es kein Patentrezept. Schablonenhafte Vorschläge sind hier fehl am Platz. Deshalb haben wir uns auch dagegen entschieden, Redekonzepte mit möglichst vielen Sprichwörtern zu entwickeln. Viele sind voller Klischees und hinterlassen den schalen Beigeschmack des »Dahingesagten«. Bei unserer Auswahl haben wir uns auf einige, aber aussagekräftige Worte beschränkt.

Falls Sie in die Situation kommen sollten – als Verwandter, Freund, Vorgesetzter oder Kollege – eine Trauerrede zu halten, gibt es einen prinzipiellen Ratschlag: Werden Sie persönlich. Ihre aufrichtige Anteilnahme vermitteln Sie den Trauergästen dann, wenn zu Sie zum Beispiel von gemeinsamen Erlebnissen mit dem Verstorbenen berichten. Wie war das damals? Welche Rolle spielte der Verstorbene im Leben anderer, in Ihrem Leben? Welche charakterlichen Eigenschaften haben ihn am meisten ausgezeichnet? Welche Worte von ihm bleiben im Gedächtnis? Welche Handlungen werden unvergessen bleiben?

➤ **Mit dem Tod ist alles aus.**

So sagen die Menschen in China und beschreiben damit das Gefühl der Endgültigkeit und Unausweichlichkeit. Ähnlich heißt es in Italien:

➤ **Jede Tür mag geschlossen werden,**
    nur nicht die des Todes.

In Deutschland sagen die Leute:

➤ Der Tod macht mit allem Feierabend,
oder:
➤ Kein Harnisch schützt
   wider den Tod.
In Dänemark bringt man es auf den Punkt:
➤ Wenige haben Glück,
   alle den Tod,
und in Finnland sagt man – mit einer Portion Ironie:
➤ Wer der Geburt nicht entgangen ist,
   entgeht nicht dem Tode.
In Ungarn philosophiert der Volksmund hingegen:
➤ Menschen stehen und warten,
   das Leben bringt und geht,
   der Tod kommt und nimmt.
In einem deutschen Sprichwort ist der Zusammenhang zwischen Alter und Tod offensichtlich:
➤ Das Alter ist eine Krankheit,
   daran man sterben muss.
Dagegen differenziert ein Wort aus Russland:
➤ Der Tod nimmt nicht die Alten,
   sondern die Reifen.
Der Tod kann eine Erlösung sein, besonders nach langer und schwerer Krankheit. Grundsätzlich meinen dazu die Chinesen:
➤ Das Leben
   besteht aus Leid und Not,
   der Tod
   aus Frieden und Freude.
In Indien kann man den Tod mit pragmatischem Abstand sehen und ihm etwas abgewinnen, wenn es heißt:
➤ Sitzen ist besser als gehen,
   liegen besser als sitzen,
   schlafen besser als wach sein,
   und tot sein das Beste von allem.

Der Tod ist für jeden Menschen völlig natürlich und gehört genauso zum Leben dazu wie die Geburt.

Für eine Trauerrede gibt es kein Patentrezept, hier ist persönliche und aufrichtige Anteilnahme gefragt.

Die Polen sagen:

➤ Für wen das Leben schwer war,
    für den ist die Erde leicht.

Niemand kann daran etwas ändern, weiß man in Deutschland:

➤ Auch dem Arzt hilft kein Mittel,
    wenn der bleiche Tod am Bett steht.

➤ Zu keiner Zeit wird
    der Weihrauchkessel
    so heftig geschwenkt
    wie bei Beerdigungen,

spottet man in Italien. Offensichtlich zu Recht, denn auch bei uns in Deutschland heißt es ziemlich respektlos:

➤ Leichenpredigt,
    Lügenpredigt.

Andererseits kann es nicht zum guten Ton gehören, am offenen Grab Schlechtes über einen Verstorbenen zu sagen. Daher gehört die altrömische Spruchweisheit:

➤ Über Tote soll man nur Gutes sagen,

zum internationalen Kulturschatz der Völker. Machen wir uns jedoch nichts vor. Selbstverständlich spielt auch beim letzten Gang eines Menschen das, was er im Leben erreicht hat, eine Rolle.

So sagt man in China:

➤ Wer am Totenbett einen Kornspeicher hinterlässt,
    wird viel beweint,

und ein jüdisches Sprichwort weiß:

➤ Stirbt ein Meister,
    schied ein Held,
    trifft sein Verlust die ganze Welt.

Andererseits heißt es aber in Deutschland:

➤ Arm oder reich,
    der Tod macht alles gleich.

Außerdem wissen die Menschen in Frankreich:

➤ Auch der Reichste kann nur
  sein Leichentuch mitnehmen,
und in Deutschland:

➤ Mit den Beinen
  läuft man nicht in den Himmel,
und in China:

➤ Ist das Werk des Menschen auf Erden getan,
  geht er mit leeren Händen.

Kommt es auf irdischen Besitz also doch nicht an? Ein jüdisches Sprichwort sagt:

➤ Dein Ursprung gering,
  dein Ende kläglich,
  dein Richter streng,
  daran denke täglich.

Darüber hinaus ist es doch so, dass der Tod alles relativiert. So verkündet ein weiteres Sprichwort aus Deutschland:

➤ Der Tod zahlt alle Schulden.

Trotzdem rät ein jüdisches Wort:

➤ Sorge,
  dass man einst an deiner Bahre,
  nur Gutes über dich erfahre.

Es mag tröstlich sein, dass es selbst über den Tod spöttische Sprichwörter gibt und wir Menschen niemals den Zeitpunkt unseres Todes kennen. So findet sich in Österreich (in Wien haben die Menschen von je her ein ganz eigenes, unverkrampftes, Verhältnis zum Thema Tod und Sterben) ein treffliches Sprichwort:

➤ Der Tod kommt immer dann,
  wenn wir ihn überhaupt nicht brauchen können.

In Deutschland heißt es dagegen:

➤ Gott weiß,
  wenn es Zeit ist.

Wir selbst spüren es manchmal aber auch selbst, wenn es zu Ende geht.

So meint man in den USA:

➤ **Auch das blinde Pferd weiß,**
wann der Trog leer ist.

In China wissen die Menschen, dass uns der Tod jederzeit ereilen kann:

➤ **Nur ein seichtes Gewässer**
ist der Fluss,
der Leben und Tod
voneinander scheidet,

und in Deutschland heißt es:

➤ **Der Tod hat keinen Kalender,**

ähnlich in Dänemark:

➤ **Der Tod stößt nicht in die Trompete,**

– das heißt: Er kündigt sein Kommen nicht an. Aber er kommt, und zwar zu jedem, wie ein Sprichwort aus der Türkei sagt:

➤ **Der Tod ist ein schwarzes Kamel,**
das an jedermanns Tür kniet.

Trotzdem ist der Tod des Menschen lediglich ein relatives Unglück, philosophieren die Chinesen. Wichtiger ist der Seelenfrieden. So heißt es im Reich der Mitte:

➤ **Nichts wiegt schwerer,**
als der Tod des Herzens.

Manchmal geschieht es, dass sich Menschen erstmals bei ihrer Konfrontation mit dem eigenen Sterben oder beim Tod anderer, mit Gott auseinandersetzen. Gott und das Sterben gehören in der »modernen« Gesellschaft wohl eher zusammen als Gott und die Geburt. So sagt man in Deutschland:

➤ **Gott weiß wohl,**
was am besten ist,

und:

➤ **Gott weiß,**
was er tut,

oder:

Bei spötti-schen oder ironischen Sprich-wörtern zum Thema »Sterben« ist höchste Sensibilität gefordert.

➤ Gott weiß,
   wozu es gut ist.
In Russland sagen die Leute:
➤ **Gottes Sichel mäht scharf.**
Im Alten Testament lesen wir (Hohelied Salomos 8, 6):
➤ **Stark wie der Tod ist die Liebe.**
Im christlichen Glauben ist das menschliche Sterben auf
Erden zugleich die Heimkehr zu Gott und der Eintritt ins
ewige Leben. So heißt es in Deutschland:
➤ **Gott führt wohl in die Grube,**
   aber auch wieder hinaus,
und ein hebräisches Sprichwort reklamiert für sich, dass
wir Menschen erst am Ende unseres Lebens den Sinn des
Ganzen verstehen werden, da wir zu diesem Zeitpunkt alles »rückwärts« (von unten nach oben und von rechts nach
links) lesen:
➤ **Gottes Sprache ist hebräisch.**
Und so machen auch die Finnen darauf aufmerksam, dass
die Zeitspanne des menschlichen Lebens begrenzt ist – und
zum Schluss »abgerechnet« wird. Damit ist jedoch nicht
das herzlose »Abrechnen«, also die Vergeltung von guten
und schlechten Taten, nicht also die »Quittung« gemeint,
die Gott präsentieren würde, sondern die Endgültigkeit des
letzten Lebenstages. Die Finnen sagen:
➤ **Gott ist der Herr der Zeit**
   und des letzten Tages;
   er rechnet ab
   und schließt das Buch.
In Deutschland heißt es, angelehnt an das Alte Testament:
➤ **Gott ist Anfang und**
   Gott ist Ende;
   Gott ist Recht und Verstand,
   Land und Herz.
Aus Russland stammt eine schöne Metapher, die die Ge-

Für Christen ist der Tod gleichzeitig der Beginn des ewigen Lebens in Gottes Himmelreich.

borgenheit des Menschen in seinem Glauben an Gott und zugleich das »Ausgeliefertsein« an seine Gesetze beschreibt:

➤ **Gott ist der See,**
  wir sind die Fische,

und ganz lapidar heißt es in Spanien:

➤ **Gott fügt alles.**

➤ **Spott und Witz –**
  Schutzwall der Seele,

philosophieren die Iren – und haben damit wohl vollkommen Recht. Was bliebe uns Menschen, wenn wir uns nicht auch über den Tod und das Sterben einige ironische Gedanken machen könnten? So sagt man im Iran:

➤ **Die Erde ist ein Wirt,**
  der seine Gäste umbringt,

und hierzulande spotten die Leute in manchen dörflichen Gegenden, wenn sich ein neuer Arzt niedergelassen hat:

➤ **Neuer Arzt, neuer Kirchhof.**

In England, der Heimat des schwarzen Humors, denkt man augenscheinlich bei einem Begräbnis nicht nur an die Verstorbenen und scherzt:

➤ **Übermäßig um die Toten zu weinen ist**
  eine Beleidigung für die Lebenden.

Trotzdem sind Spott und Witz angesichts des Todes nur ein löchriger Wall, der uns vor dem Unvermeidlichen nicht wirklich zu schützen vermag.

Und so weiß man in China:

➤ **Selbst Fliegen hängen am Leben**
  und fürchten den Tod,

sowie:

➤ **Lieber auf Erden**
  eine Schale Tee trinken,
  als im Totenreich
  Suppe löffeln.

Doch alle Philosophie, Ironie, Spott und Galgenhumor sind

vergebens: Gegen den Tod kommt keiner an. Vielleicht ist dies die einzig wirklich tröstliche Gewissheit!

So sagen die Griechen:

➤ Im Leben
   hat er Meere geteilt,
   Berge abgetragen,
   Winde beruhigt und
   Feuer gelöscht;
   dann kam der Tod
   und hat ihn hinab gezogen,
   eingeebnet, verweht
   und verbrannt.

Und auf denselben Zusammenhang spielt ein Sprichwort aus Russland an, das offensichtlich nicht nur für die Armen geprägt wurde, sondern auch für die Reichen und die »Sieger« auf dieser Welt. Ersteren spendet es Trost und für die Zweiten mag es ein warnender Ausblick auf das unvermeidliche Ende sein. Und schließlich ist diese philosophische Einsicht in das menschliche Schicksal wohl die einzig richtige:

Ob arm oder reich, ob schön oder hässlich: Der Tod kommt irgendwann zu jedermann.

➤ Gleich macht der Tod
   die Reichen mit den Armen,
   die Geraden mit den Gebeugten,
   die Schönen mit den Hässlichen und die Frohen mit den Traurigen;
   gleich macht der Tod uns alle.

Die Gestaltung einer Trauerfeier

Gedankliche Bausteine

Endgültigkeit und Unausweichlichkeit des Todes
Alter
Krankheit und Erlösung
Stand, Ansehen und Nachreden
Zeitpunkt des Todes
Seelenfrieden
Gott und der Tod
Ewiges Leben
Galgenhumor

Vorschläge für eine Trauerfeier

In der heutigen Zeit übernehmen die meisten Beerdigungsunternehmen die komplette Organisation einer würdevollen Trauerfeier, und in aller Regel richten sie diese zur Zufriedenheit der Angehörigen aus. Diese sind infolge der eigenen Betroffenheit oft auch sehr froh, dass Ihnen Planung und Organisation abgenommen werden. Wenn Sie wollen, können Sie den traurigen Anlass jedoch auch viel persönlicher gestalten.

1. So können Sie eine Fotografie des/der Verstorbenen in der Kirche bzw. im Totenhaus aufstellen lassen.
2. Wählen Sie ein oder mehrere Musikstück(e) aus, die mit der Persönlichkeit des Verstorbenen verbunden sind oder die ihm zu Lebzeiten etwas bedeutet haben und sorgen Sie ebenso beim Blumenschmuck für eine persönliche Note.
3. Bei einer modernen Trauerfeier ist heute sehr viel mehr möglich als bei einem »standardisierten« Begräbnis in früheren Zeiten. So können Sie neben dem Hauptredner auch Freunde des/der Verstorbenen um ein Wort bitten; ebenso können Vorgesetzte und Kollegen, Nachbarn und Bekannte Abschiedsworte sprechen.

4. Sehr zu Herzen geht der Brauch der direkten persönlichen Verabschiedung des Verstorbenen. Dazu versammeln sich alle Trauergäste zum Schluss der Feier und gehen einzeln zum Sarg bzw. Totenbett und legen die Hand auf.

5. Die Erfahrung zeigt: Trauerfeiern, die von den Gästen als »gelungen« empfunden wurden – sofern dies so bezeichnet werden kann – werden sehr offen und sehr persönlich ausgerichtet. »Trauerarbeit«, das heißt die intensive Beschäftigung mit dem Verstorbenen, tut Not. Je mehr über das Leben des/der Toten berichtet und erzählt wird, desto »leichter« wird es den Hinterbliebenen, den schmerzlichen Verlust des geliebten Menschen zu verarbeiten.

Aufbau einer Totenrede

1. Eine Rede zu diesem Anlass kann niemals »gut« sein. Aber es soll so viel Gutes über den Verstorbenen gesagt werden, wie möglich. Eine Totenrede ist ein Nachruf, eine »Nachrede«, die sich mit dem Menschen intensiv beschäftigen soll.

2. Wählen Sie deshalb, wie bereits ausgeführt, eine sehr persönliche Form der Ansprache und berichten Sie aus dem Leben des Verstorbenen.

3. Setzen Sie die zurück gebliebenen Angehörigen in Beziehung zu den Dingen, von denen Sie berichten, und zeigen Sie Fingerspitzen- und Mitgefühl.

4. Sie können Trost spenden, aber kaum wirklich trösten. Versuchen Sie, den Blick der Hinterbliebenen auf die Zukunft zu richten und geben Sie Beistand. Ein schönes Beispiel hierzu ist ein Sprichwort aus der Karibik (wahrscheinlich aus Kuba, eventuell spanischen Ursprungs):

➤ Die Lücke, die du gerissen hast,
 ist eine klaffende Wunde in unserer Seele;
 die Lücke, die du gerissen hast,
 ist so groß, und wir können sie nicht schließen.
 Aber sie ist auch ein Fenster,
 durch das wir zu dir sehen.

ANHANG: GEOGRAFISCHES REGISTER

Die ausgewählten Sprichwörter stammen aus den folgenden Kontinenten, Ländern und Regionen: